Gleam Books

国際法を物語るⅣ

—難民の保護と平和の構想—

阿部浩己

株式会社 朝陽会

はしがき

二〇一六年三月から二〇二〇年三月までの四年間、合計四九回にわたり「国際法の過去・現在・未来」と題する小論を『時の法令』誌に連載する機会に恵まれました。テーマに沿ってそれらを単行本化し、『国際法を物語る』というタイトルの下に刊行を続けてきましたが、本書はその最終巻にあたるものです。

本書で扱っているのは難民の保護と平和の構想という二つのテーマです。いずれも、国際法が直面しているグローバルな課題であり、私自身も少しく重きをおいて考察を深めてきたものにほかなりません。

もう二〇数年も前になりますが、当時勤務していた大学で初めて在外研究のチャンスが巡ってきたとき、私は迷うことなくカナダに赴くことにしました。難民保護の分野で先端的な法実践を積み重ねている国のスピリットを体感してみたかったからです。世界に冠たる多民族・多文化都市トロントの北部に所在するヨーク大学が研究の拠点を提供してくれました。それから数年して、もう一度同じ地に滞在することができたのですが、目に染み入る新緑の夏、メープルリーフ舞い散る秋、吐く息凍る氷点下の雪世界と、宏大《こうだい》なヨークのキャンパスは季節によってその彩りを大きく変え、批判的精神を湛《たた》えた同大学難民学センターで過ごした潤沢な時間が、世界や日本の難民状況をみつめる明確な座標軸を私に与えてくれたように思います。

ちょうどその頃から、平和学への個人的な関心も強まり、国際法における平和の意味を平和学的にとらえ直す営みも増えていくようになりました。平和とは単に戦争（武力・軍事力行使）がない状態にとどまらず、「暴力」がない状態を実現してはじめて手に入れられるものであるという視点を国際法の中に入れ込むことは、紛争や差別、不平等が勢いを増す現代世界にあって、ますます大切になっているのではないかという思いでいます。

二〇二〇年は激烈な新型コロナウィルスが世界を覆った一年でした。この間、アルベール・カミュの『ペスト』が広く再読されたようですが、同書は、オラン（フランスの植民地であったアルジェリアの街）を襲ったあのおぞましき事態の中にあって、人間はどう生きるべきかを思弁する登場人物たちの姿を描いてもいます。現実世界に生きる私たちも、人間はどう生きるべきか、社会はどうあるべきかという根源的な問いを発し、これに誠実に向き合っていくべきときにあります。

「戦争と難民の世紀」でもあった二〇世紀の後に訪れた二一世紀は、「対テロ戦争」、自国第一主義、新型コロナウィルスなどの災禍に遭い、権威主義の台頭もあいまって不穏な相を深めているように見えます。そうであるだけに、オランの人々がそうしたように、私たちもいっそう思索を重ねていかなくてはなりません。人間の尊厳と平和を根源的価値にすえる国際法は、その重要な一助を提供してくれるものです。本巻により完結する小著『国際法を物語る』が、そのささやかな証左となってくれることを念じています。

二〇二〇年深秋の候に

阿部浩己

もくじ

1 難民法の生成と展開

私の勤務する大学は、二〇一八年度から難民学生を対象にした推薦入学制度「ＵＮＨＣＲ難民高等教育プログラム」に参加するとともに、ＵＮＨＣＲ難民映画祭学校パートナーズ参加校として、「世界中で紛争や、迫害によって家〔故郷〕を追われた人々の問題について理解を深めることを目的とした」映画の上映を行っている。二〇一九年度は、横浜と東京のキャンパスで、それぞれ「シリアに生まれて」と「アイ・アム・ロヒンギャ」を上映した（ＵＮＨＣＲとは国連難民高等弁務官事務所の略称）。

私が上映に携わった前者の映画は二〇一六年制作のもので、二〇一一年以来のシリア危機によって故郷を離れた子どもたちの姿を描いた二時間ほどのドキュメンタリー作品である。シリア国内では、二〇一九年五月初めの時点で常居所地を離れることを余儀なくされた者（国内避難民）が六二〇万人にのぼり、周辺国に逃れ出た難民も五六二万三三七七人に及んでいた。国別で見ると、トルコに全体の六四・一％にあたる三六〇万人余りが避難し、次いでレバノン（九四万人）、ヨルダン（六六万人）と続く。

難民の年齢別内訳を見ると、国外に避難した難民の四五％が子どもであった。「シリアに生まれて」は、そうした子どもたちが遭遇する過酷な現実と不確かな未来の形を描き出す印象深い作品として、観賞した学生たちにも強いインパクトを与えたようである。
映画に登場した子どもたちの歩みゆく人生に思いを馳《は》せつつ、以下で国際法と難民の関わりについて考察してみることにする。

(1) ナンセン旅券の案出

難民に対する保護・支援が国際的に制度化され始めたのは戦間期のことである。外国人の入国が自由であった時代には、国外に移動・避難する必要が生じた者はただ単に国境を越えて、他国で職業・居所を見つければよかった。だが一九世紀末から第一次世界大戦期にかけて欧米諸国が急速に国境管理を強化すると（本シリーズ第Ⅱ巻**2**章参照）、越境移動は難事となり、その困難がとりわけて降りかかったのが難民であった。

第一次大戦後、欧州に大量のロシア難民が滞留し、その取り扱いが重大な国際問題となって浮上した。国際連盟は一九二一年にノルウェーのフリチョフ・ナンセンをロシア難民高等弁務官に任命し、一〇〇万人を超えるロシア難民の法的保護と援助にあたらせることとした。一九二一年一二月の政令により国籍を剥奪され無国籍状態に陥っていた難民たちにとって、最大の問題は身元の証明であり、（就業・家族統合などを求めての）国境を越えた移動の自由の確保であった。ナンセンは一九二二年に難民の主要受け入れ国を含む一六か国（日本を含む）に呼びかけて政府間会議を招集し、「ロシア難民に対する身分証明書の発給に関する取極」の採択を実現する。「ナンセン旅券」として知られることの身分証は、一九二〇年代末までに世界各地の五二か国によって受け入れられるに至る。

一九二四年にナンセン旅券は三二万人に及ぶアルメニア難民にも適用されることになるが、受け入れ国に帰還する権利までは保証していなかった。そこで一九二六年に帰国査証の付与を勧奨する新たな取極も署名される。一九二八年になると、この旅券は新たな取極によりアッシリア人・シリア人・クルド人らにも拡張された。ちなみに、国際連盟時にあって保護・援助の対象となる難民は、このように国民／民族的出自（と出身国政府の保護の欠如、さらに新たな国籍を取得していないこと）により確定されるのが常であった。

難民の地位の安定と越境移動に資する重要な貢献を果たしたナンセン旅券であったが、その根拠は非拘束的な多国間合意にとどまっていた。一九三〇年にナンセンが急逝すると翌年に国際連盟はナンセン国際事務所を設置して当面の人道支援と法的保護を委ねるが、一〇年以内に同事務所の活動終了が目論《もくろ》まれていたことと、ロシアへの帰還・受け入れ国での集団帰化のいずれもが現実性がないとの判断を踏まえ、「難民の安定を確保する最良の手段として」拘束力ある条約の締結が連盟理事会によって要請されることになる。

(2)「条約」による保護

こうして一九三三年、難民に関する史上初の包括的な条約（「難民の国際的地位に関する条約」）が誕生した。この条約は、難民に対する法的保護（国民または一般外国人と同等の権利保障）の標準型を示すとともに、自らの意思に反して出身国に戻らされないという原則（ノン・ルフールマン原則と呼ばれる）を拘束力あるものとして明文化した初の国際的合意でもあった。もっとも、条約の当事国は八にとどまり、そのうち三か国がノン・ルフールマン原則に留保を付しての批准であった。また、条約の人的範囲も一九二六・二八年取極上の難民に限定され、ナチス・ドイツによる迫害を逃れ出た者（はもとより、非欧米圏で生じている難民）は保護の対象とされなかった。

欧州では、一九三三年から多くの人々（圧倒的多数がユダヤ人）がドイツ国外に避難の地を求める事態が広がっていた。国際連盟理事会は同年にドイツ難民高等弁務官を設置してその救済にあたらせるが、ドイツを刺激することで同国の連盟復帰を難しくすることなどへの懸念から、その活動は縮小の一途をたどっていく。一九三八年にナンセン国際事務所と統合されて統一機関（国際連盟難民高等弁務官）となるも、第二次大戦期にその機能は麻痺《まひ》してしまう。

他方、一九三八年のドイツによるオーストリア併合後ユダヤ人の新たな出国が進んだ事態に対処するため、ルーズベルト米大統領の主導により同年七月にエビアンで特別会議が招集され、「政府間難民委員会」が立ち上げられた。もっとも、当時の政治状況にあって、国際連盟外で設置されたこの委員会も実効的な成果をあげるまでには至らなかった（なお、ドイツ難民高等弁務官については、一九三六年にドイツ難民の地位に関する暫定取極、三八年には同名の条約の締結を実現したことが特記されるが、同条約を批准したのは英国とベルギーのみであった）。

(3) 国連の時代へ――三本の柱

第二次世界大戦期、欧州では少なくとも三〇〇〇万人が故国を追われ出る事態が生じていた。混乱のさなか、一九四三年に設置された連合国救済復興機関などがその対応にあたったが、一九四五年に国連が誕生すると、翌年に総会は「あらゆるカテゴリーの難民および避難民の問題は、切迫した緊急性を有する問題の一つである」との認識に立ち、国際避難民機関（ＩＲＯ）の設立を決議する。ＩＲＯは、米国の圧倒的な影響の下に、一九四七年から一九五二年までの間、欧州に滞留していた一六〇万人余りの支援にあたった（ちなみに、難民問題の解決としてＩＲＯが推進したのは「第三国への定住」であった）。

一九四九年、国連総会はアラブや南アジアなどの事態も勘案し、グローバルな難民問題に対処するためＩＲＯに代わる新たな機関の設置を決定する。こうして一九五一年一月一日に発足したのが国連難民高等弁務官事務所（ＵＮＨＣＲ）である。現在に至る国際難民法制は、このＵＮＨＣＲの存在に加え、次の二つの規範文書によってその根幹を支えられることになる。

その一つは一九四八年一二月一〇日に国連総会で採択された世界人権宣言である。第一四条1は次のように定める。「すべての者は、迫害からの庇護を他国に求め、かつ享受する権利を有する」。ここでは、庇護《ひご》を求め、享受することが個人の権利とされている。

もう一つは一九五一年七月二八日に「難民及び無国籍者の地位に関する国連全権会議」で採択された「難民の地位に関する条約」（難民条約）である。難民条約は一九六七年一月三一日に作成された「難民の地位に関する議定書」（難民議定書）により難民の定義を一部修正されていることから、本書では両文書を一体のものとして扱う。

難民議定書により修正された難民条約は、普遍的に妥当する国際法上の難民の定義を、大要、次のように定めている。「人種、宗教、国籍若しくは特定の社会的集団の構成員であること又は政治的意見を理由に迫害を受けるおそれがあるという十分に理由のある恐怖を有するために、国籍国の外にいる者であって、その国籍国の保護を受けることができないもの又はそのような恐怖を有するためにその国籍国の保護を受けることを望まないもの」。迫害、（迫害の）理由、十分に理由のある恐怖、在外性が中核的要素となっている。難民は、第三三条1により、いかなる方法によっても迫害を受ける地に送り返されてはならないものとされた（ノン・ルフールマン原則）。

二〇世紀中葉以降、国家の国境管理権限は領域主権に基づく所与の前提とされて今日に至っている。一九七八年の最高裁マクリーン事件判決が説示するように、外国人の入国・在留については国家の裁量が大幅に認められることについて広い了解がある。難民法は、国家が有するその強大な権限を正面から制約する法的根拠を提供する。難民として庇護を求めて来た者を国家の一存で追い返すことは厳に禁じられるからである。

とはいえ、難民法といえども国家により構築されたものである以上、そこには主権的利益（とりわけ欧米諸国の利益）を防護する装置が幾重にも設けられた。第一に、世界人権宣言は、庇護を「求め」、「享受する」ことは人権としたものの、庇護を「与えられる」ことまでは個人の権利として認めなかった。庇護許否の決定それ自体は国家の権限として留保されたのである。

第二に、シリア難民がそうであるように、難民は戦火などを逃れ集団で移動することが少なくないものの、難民条約は迫害を恐れる個人に焦点を当てて難民を定義した。国家に課せられる責任を、自らが管理できる人的範囲に切り縮めたわけである。

第三に、難民法の保護すべき対象は、庇護を求める国にたどり着いた者に限られた。

第四に、難民の定義はきわめて抽象的で（解釈の幅が広いということ）、かつ、難民認定権限も各国に委ねられた。ＵＮＨＣＲ設立以前に難民の保護・援助にあたっていた国際機関は、国家に代わって難民認定を行う権限を与えられていた。難民条約の起草過程でもＵＮＨＣＲに認定権限を与えるべきとの主張がＮＧＯによりなされたが、各国政府はこれを明確に拒絶した。フランス代表は次のように述べている。「世界政府も国際裁判所もない以上、認定についての権限は必然的に国家に委ねられなければならない。難民を受け入れる意思がある国を信頼することが唯一の実際的手立てである」。第五に、UNHCRは難民条約三五条により「条約の適用を監督する責務」を付与されたものの、その内実は茫漠《ぼうばく》としており、自由権規約委員会など人権諸条約機関と違い、明確な履行監視権限を与えられないままにおかれた。

こうして、国家の国境管理権限を制約する切り札（trump card）たるべき難民法は、実際には、国家の主権的裁量の働く余地を大幅に認めるものとなり、以下で見るように、現にそのような運用に供されていくのである。

(4) 難民法のポリティクス

第二次大戦後の人の越境移動は、いくつかの顕著な流れとなって現れ出た。一つは欧州から米国・カナダ・オーストラリアなどへの流れ、もう一つは共産圏から資本主義諸国への流れである。難民法は、後者と密接な関わりをもつことになる（「南」の中での人の移動については**2**章で触れる）。

「迫害」を重要な構成要素とする難民性の判断には、庇護希望者を当人の出身国政府がどう処遇しているかについての評価を必要とする。それだけに、「出身国政府と避難国政府とがお互いに政治的反感を持っている場合、難民としての認定を勝ち取るのはそれほど難しくないかもしれない。そうでない場合には、庇護希望者にとって状況はかなり難しいものになる」（Atle Grahl-Madsen, "International Refugee Law Today and Tomorrow", *Archiv des Völkerrechts*, Vol.20（1982））。難民認否の判断には、政治・外交的利害が反映されやすいということである。

一九八八年に刊行された法務省入国管理局の研修教材『出入国管理及び難民認定（難民認定）』（二九ページ）も、同様の客観的条件にある友好国国民Aと非友好国国民Bを仮定して、こう記していた。

我が国としては、Bの難民認定は比較的自由に行えるとしても、Aの難民認定にはやや慎重にならざるを得ないということがあり得よう。こうした場合の現実的対応としては、Aについては難民の要件に該当する事実を具備するとは認められないとして認定は拒否、Bについてはそうした事実があると認めて難民認定を行う、といった処理の仕方になって現れることが否定できないように思われる。

難民法がこうした政治判断をそのまま投射できる制度として設計されたことは上述のとおりである。実際のところ、欧米諸国では、オーストリアや西ベルリンへの亡命が「自由への投票」として賞賛され、敵対する（非友好的な）共産圏からの脱出は「悪の帝国」を揺さぶるものとして大々的に奨励された。鉄のカーテンの向こうではすべての住民が迫害を恐れているという認識すら示され、共産圏出身者の多くが、出国の理由を確かめられることなく難民として受け入れられる事態が広がっていく。一九九四年刊行の『世界難民白書』（一四ページ）が記すように、「西側の民主主義諸国では、東欧の国民は政府に迫害されているという合意が出来上がっていたが、それはとりもなおさず何とか脱出した一部の人びとが自動的に政治亡命を許される［難民と認定される］ことを意味した」のである。

一九八〇年に難民に関する法律の整備により反共産色が薄められたはずの米国の実績を見ても、一九八三年六月から八九年九月までの間、ソ連からの庇護希望者の七二・六％が難民として認定され、共産圏出身者とそれ以外の者とでは、難民認定率に一〇対一ほどの開きがあった。米国は難民認定以外に外国からの難民受け入れ（第三国定住）も行っているが、一九八一年一〇月から八九年九月までの間、受け入れ全体の九四・四％が共産圏出身者で、これにイランなど敵対国出身者を入れると実に九九・九％に達していた（Robert Sexton, "Political Refugees, Nonrefoulement and State Practice", *Vanderbilt Journal of Transnational Law*, Vol. 18 (1985)）。

欧米諸国の主権的利益、とりわけ資本主義体制の正統性を国際的に高めるため、難民法が共産圏出身者に対して優先的に適用されていた実情を見て取ることができる。

(5) 欧米中心主義の顕現

難民条約の起草過程を振り返るに、国際人権規約をはじめとする人権諸条約が国連総会で採択されてきた一方で、この条約は「難民及び無国籍者の地位に関する国連全権会議」という一九五一年の外交会議で採択されている。

会議の名称から分かるように、当初締結を予定されていたのは難民と無国籍者の双方に適用される包括的な条約であった。現に、『無国籍の研究』と題する一九四九年の国連報告書にも、国家の保護を欠いているという点で両者は同じように人道的保護を必要とすると記されている。

だが、条約案起草のため国連経済社会理事会が特別に招集したアドホック委員会（一三か国による構成）は、米国とフランス主導の下に、両者を切り離し、深刻さにおいて即座の対応を要するとの理由から、難民に焦点をあてた文書の作成を推進することになる。この結果、無国籍者の地位に関する条約の採択にはさらに三年（一九五四年）がかかってしまう。このように無国籍問題が劣位の処遇を受けるに至った背景には、無国籍者支援の必要性を強調するソ連などが、難民を「自国を裏切って他国へ逃れた者」とみなし、その保護に反対してアドホック委員会から撤退した事情も与《あずか》っていた。

難民条約は、⑵と⑶で言及した戦間期の諸文書や国際避難民機関（ＩＲＯ）憲章上の難民に加え、「迫害」を中軸に据えた難民の定義を導入した（⑶参照）。もっとも、将来にわたる予測不能な数の難民の受け入れを欧米諸国が恐れたこともあり、後者の定義には、「一九五一年一月一日前に生じた事件の結果として」という時間的制限が付され、「欧州において生じた事件」という地理的制限を付加することも許容された。一九五一年一月一日という日付は国連難民高等弁務官事務所（ＵＮＨＣＲ）

の発足にあわせたものとされる。

こうした時間的・地理的制限は、その後、難民問題の世界的広がりを受けて、一九六七年の難民議定書を通じて撤廃されることになる。これによって難民の定義はようやく「普遍化」されることにはなったのだが、迫害のおそれを軸に難民性の判断を個々に求める実質に変わるところはなかった。そのため、一見すると迫害とは言い難い政治的混乱や戦争、自然災害などによって集団で移動を強いられることの多いアフリカ、アジア、中南米など「南」（非欧米圏）の難民は、欧米諸国にたどり着いた場合であっても、この条約の適用対象から排除される状態が続いていった。

(6) 非欧米圏の難民

実際のところ、「南」の難民には、欧州の難民とは違って法的保護ではなく物質的援助が必要とされ、国際社会の関心は、難民キャンプの設営などＵＮＨＣＲを介在させた人道的支援の提供に向けられた。こうした支援は、だが、「人道」の装いの背後に「南」の難民を現地（避難国）に封じ込めようとする欧米諸国の政策的意図を隠し持つものでもあった。

普遍的な難民保護を受け得ぬ非欧米圏では、地域独自の法的取り組みが促されていく。こうしてアフリカでは、一九六九年に「アフリカにおける難民問題の特定の側面を規律するＯＡＵ条約」が採択され、「迫害のおそれ」に依拠した難民条約上の難民に加え、「外部からの侵略、占領、外国の支配又は出身国若しくは国籍国の全体若しくは一部における公の秩序を深刻に乱す出来事のために、出身国若しくは国籍国の外に避難を求め、常居所地を離れることを余儀なくされた者」にも難民の定義が拡張されることになった（一九六三年に設立されたOAU（アフリカ統一機構）は、二〇〇二年にアフリカ連合に改組されている）。

南アフリカやタンザニアなどアフリカ諸国がこの条約に沿った国内法整備を手がけたのは一九九〇年代に入ってからであるが、拡張された難民の定義に植民地主義の遺制が色濃く現れ出ていることはいうまでもない。なお、この地域では、一九八一年に「人及び人民の権利に関するアフリカ憲章」が採択され、第一二条3で、「すべての個人は、迫害されたとき、その国の法律及び国際条約に従い、他国に庇護を求め、かつ享受する権利を有する」ことも宣明された。同憲章の履行状況は、人及び人民の権利に関するアフリカ委員会と同裁判所による監視下におかれている。

右OAU条約に触発され、いっそう包括的な難民の定義を採用するに至ったのがラテンアメリカである。一九八〇年代に重大な人権侵害により大量の難民が生じた中米の事情を受けて学術的なコロキアムが開催され、その成果として一九八四年にカルタヘナ宣言が作成された（カルタヘナとは会議が招集されたコロンビアの都市名）。同宣言は、難民条約上の難民とともに、「一般化された暴力、外国による占領、国内紛争、人権の大規模な侵害又は公の秩序を深刻に乱すその他の事情により、生命、安全又は自由が脅かされたために自国を逃れた者」を難民に含めるべきことを勧告した。

同宣言それ自体に法的拘束力はなかったものの、アメリカ大陸の地域機構であるＯＡＳ（米州機構）の総会が加盟国にその採用を要請したこともあり、チリ、ブラジル、メキシコ、コロンビアなど多くの諸国に同宣言上の難民の定義が編入されることになった。この地域では、一九四八年の米州人権宣言（人の権利及び義務に関する米州宣言）が、普通犯罪によらぬ追及を受ける場合に「何人も、各国の法令及び国際協定に従い、外国で庇護を求めかつ受ける権利を有する」と第二七条で明言していたが、一九八一年に採択された米州人権条約にも同趣旨の規定がおかれ（第二二条5）、右宣言・条約の実施を監視する米州人権委員会および裁判所において、難民の保護に関わる重要な判断が積み重ねられてきている。

他方で、奇妙な立場におかれたのが難民集団として最大規模のパレスチナ難民である。一九四八年のイスラエル建国に伴い他所に避難を求めたパレスチナ人は約一〇〇万人（現在では五〇〇万人に迫る）に及んだのだが、同年一一月に設立されたＵＮＲＷＡ（国連パレスチナ難民救済事業機関）がその援助にあたっていたことから、この集団は難民条約の適用対象から除外されることになった（第一条Ｄ）。

こうした規定がおかれたのは、イスラエル建国を後押しした国連の責任を追及するアラブ諸国の意向を受けてのことである。イスラエルと強度の対立関係にあったアラブ諸国にとって、パレスチナ難民は難民問題一般の中に埋没させるべきものでなく、その存在を集団として可視化させておく必要があった。このゆえに、パレスチナ難民はＵＮＲＷＡの援助を受けて周辺国にとどまるべきものとされ、また、唯一の解決策とされた「本国帰還」を現実化するためにも世界各地への離散は阻止されなくてはならなかった。

もとより、米国やフランスなど欧米諸国も、難民受け入れの負担を回避する観点からアラブ諸国と同一の歩調をとり、こうしてパレスチナの人々は普遍的な難民保護の対象から除外されて今日に至るのである。

(7) 難民像の構築と変容

パレスチナ難民の特殊な状況は別にして、地域的に見ると、アフリカやラテンアメリカの法的展開には瞠目《どうもく》すべきものがあるのだが、しかしそれは、あくまで特定の地域での出来事にとどまり、グローバルな次元で難民のあり方を決するのが難民条約であることに違いはなかった。前述したように、この条約は東西冷戦下にあって欧米諸国の政治的利害を反映するように運用されるのだが、そうした中にあって「権威主義・独裁体制と公的領域で闘う成人男性」という難民の標準的イメージが定着していくことになる。欧米諸国が優先的に庇護したのが、社会・共産主義政権を逃れ出た反体制派の成人男性（知識人）だったからである。

この難民像に依拠して推進された国際難民保護法制は、「危機」をバネにしてきたところがある。

国際法にあって国家は領域と住民を実効的に統治するのが常態であり、国民が国外に避難する事態は国家本来の機能が麻痺した例外状況すなわち危機にほかならない。だからこそ、その避難者を他国が保護すべきという主張が正当化されることにもなる。政府による政治的弾圧はこうした危機（あるいは迫害）の観念にこのうえなく適合するものであったが、その反面で、冷戦期にあっては、日常的な差別など国家の常態に埋め込まれた危害については、これを迫害と捉える見方は容易に根づかなかった。

そこに迫害解釈を矮小《わいしょう》化する誘因があったのだが、ただ、難民を例外／危機に結びつけたことで、(3)で述べたように、国家の強大な国境管理権限を制約することが可能になったことも見過ごしてはならない。

ここで時の針をやや進めると、一九八〇年代に入る頃から、交通網の発達もあり、欧米諸国の国境には庇護を求めて「南」から直接に避難してくる者が増え始めていた。その中には、国家権力と対峙《たいじ》する成人の男性というより、地域紛争や暴力・虐待を逃れた女性、子ども、さらには性的少数者といった人たちが少なからず含まれてもいた。一九八九年に東西冷戦の枠組みが消失したことにより、東欧圏出身者の「政治的価値」が著しく低下することにもなる。難民法は、冷戦の終結と「南」からの新しい庇護申請者の急増を前に、新たな局面を迎えていた。

この時期、急速に発展の軌跡を描き始めたのが国際人権法である。一九九〇年代に顕現した「人権の主流化」の潮流は、時代の転換に漂流しかねぬ難民条約に新たな息吹を注入することになる。漸進的に拡充される国際人権基準との連結により、難民概念の解釈がダイナミックに展開されることになったのである。

こうして、難民申請者が子どもの場合には子どもの権利条約、女性の場合には女性差別撤廃条約、障害者の場合には障害者権利条約といった諸条約が、「市民的及び政治的権利に関する国際規約」や世界人権宣言、人種差別撤廃条約などとともに「迫害」の有無の判断にあたり重要な指針を提供するものとなり、さらに「特定の社会的集団の構成員」、「政治的意見」をはじめとする迫害理由の動態的な解釈も促されていった。

それまで国家に限定されていた迫害主体についても、国家による効果的な保護のない中で非国家主体（民族団体や地域社会など）が危害を加える場合もこれを迫害主体と認めるという解釈が定着していくのだが、その背景には、加害者のいかんによらず難民の人権を保護しようとする認識の高まりが見て取れた。

国際人権基準と連結させた解釈実践が広がることにより、従来の難民像は大きく変容する。東西冷戦下にあって共産圏出身者が最もよく適合した従来の難民像にあてはまる者が消滅したわけではないものの、難民として認められる者の内実はまぎれもなく幅を広げ、女性、子ども、性的少数者らへの庇護付与が増えていった。

こうした難民像の転換を具現化する動力源となったのは、難民条約の解釈に関わって出現した国際的な解釈共同体である。なかでも、その牽引役《けんいん》というべきジェームズ・ハサウェイ教授（現・ミシガン大学）の貢献は特筆に値する。とくに一九九一年に初版が刊行された The Law of Refugee Status（平野裕二・鈴木雅子訳『難民の地位に関する法』現代人文社、二〇〇八年）は、カナダの法実務の分析に焦点をあてつつ、国際人権法に接続させた難民の解釈を実践的かつ創造的に展開し、難民法研究者の知的関心を刺激するにとどまらず、各国の難民認定機関に際立った影響を及ぼすに至る。司法の場にあっても、カナダやオーストラリア、英国の最上級審を含む各国の法廷で同教授の見解は時に決定的な重みをもって引用されるようにもなる。

もう一つ銘記すべきなのは、難民認否判断に関わる裁判官（審判官）が国境を越えたつながりを強め、UNHCRの関与も得ながら、難民認定について各国共通の判断を促してきていることである。ここで念頭においているのは一九九七年に設立された国際難民裁判官協会（International Association of Refugee Law Judges）だが、この組織は世界会議のほかにアジア太平洋、アフリカ、米州、欧州を単位とした地域会合を断続的に持ち、難民認定に携わる判断権者に重要な知のフォーラムを提供し続けている（この組織の名称は、二〇一九年三月に「国際難民・移住裁判官協会」に変更された）。

(8) 入国阻止政策の導入

グローバルな解釈共同体が推進する人権アプローチは、難民条約の現代的価値を刻印することになるのだが、他面でそれは、欧米諸国政府の警戒心を呼び起こすことにもなる。

難民認定機関や裁判所が人権志向の判断を示し始めると、国境管理権限が過度に脅かされることを懸念したのか、欧米諸国政府はそろって「入国阻止政策（non-entrée policy）」を導入・強化する。これは自国領域への入域それ自体を阻止する政策の総称であり、具体的には次のような形をとっている。

難民申請者を入国させた航空会社など商業運送会社への制裁金賦課、査証発給対象国の拡大、外国領域内での入国審査の事前実施、公海上での実力を用いた入国阻止、難民申請者の犯罪視と収容。さらに、難民申請者が多く到達する箇所を国内法により自国領域から切り離してしまった国もある。

国際的な解釈共同体の唱導する人権アプローチの深まりが、こうした入国阻止政策をさらに強めることに帰結するという皮肉な現実が出来している。

問題は、入国阻止政策をどれほど強化しようと、安全を求めて「北」に到達しようとする人々が絶えないことである。通常のルートでの入域が難しければ、ブローカーを介した危険な手段に訴えざるを得ない。入国阻止政策は、安全を求め出る人々をひどく危険な状況に追い詰めてしまっている。

二〇一八年一二月に、シリア難民など大量の難民移動の現状を前に、国連総会で難民に関するグローバルコンパクトが承認され、国際的な対応が約束された。だがそこでは、入国阻止政策の縮減・解体が呼びかけられることはなかった。二一世紀が深まる今日、「北」の諸国政府にとって、自国領域に到達する「南」からの難民はますます歓迎されざる存在になっているようである。

2 難民にどう向き合うのか――世界の実情、日本の実態

(1) 難民審査参与員として

私は、二〇一二年一月から法務省で難民審査参与員（行政不服審査法上の審理員とみなされる）を務めてきている。任期は二年だが、再任が妨げられないこともあり、二〇二〇年で九年目に入る。難民不認定処分に不服がある外国人からの「審査請求」（二〇一六年三月三一日までに原処分の告知があった者については「異議申立て」）を受けて口頭意見陳述や質問などの審理手続を行い、法相に意見を提出するのが職務である。

参与員は三人で一班を構成して任にあたる。二〇二〇年一一月五日に閲覧した法務省のＨＰによると、東京を中心に、名古屋、大阪の入国管理局に合計で二八の班が設置されている（参与員総数は九四人）。参与員の提出する意見に法的拘束力はないものの、法相はその意見を尊重して審査請求に対する裁決を行うことになっている。

法務省のＨＰには次のような記述もある。「参与員が自由に意見交換をして心証を形成することができる環境を確保するため、いずれの案件をいずれの参与員が担当したかについては一切公表しておりません。また、各班の構成員についても公表しておりません」。自由な意見交換・心証形成と担当

者名・案件の非公開を当然のように結びつけることには釈然としないものを覚えるが、ただ、難民認定申請者の人権保護の観点からも、個々の事案の具体的内容をむやみに公にしてはならぬことはいうまでもない。

参与員は原則として隔週で登庁して職務にあたる。毎回二件の審理を基本とするが、書面のみで処理する案件がある場合はこの限りでない。二〇二〇年一月末までの八年の間に、手元の記録によれば、不服申立てに理由があるので難民と認めるべき旨の意見を私は二八人について提出したが（このほか、難民性は認められないものの人道配慮により在留を認めるべきとの意見を六人について提出している）、不認定の原処分を法相が変更したことはいずれについても確認できていない。ちなみに、原処分どおり難民性を否認する旨を記した意見は、私の知る限り、すべてそのまま採用されてきている。

こうした経験も踏まえつつ、以下では難民の受け入れの実際について考察してみることにする。

(2) 難民問題の現状

難民は、「問題」という語とセットになって「難民問題」として表記されることが多い。難民が「問題」となるのは、国際社会の構造に関わってのことである。主権国家を基本単位とする現在の国際社会にあって、私たち一人ひとりの人間は、生まれながらにどこかの国と結びつき、その国の保護を受けることを前提とされている。国家と人間の結びつきは原則として国籍を通じて確保されるのだが、なんらかの事情でこうした保護を受けられない状態におかれる者がいる。その一つが国籍のない無国籍者であり、もう一つが迫害などのため他国に逃れざるを得なくなった難民である。難民は無国籍者と並んで所定の制度設計からこぼれ落ちた存在ゆえに「問題」となり、国際社会全体による解決が必要とされるわけである。

保護を受ける国がなくなってしまうことが問題の根幹である以上、その解決は保護を受けられる国を探し出すことにある。こうして、難民問題の恒久的解決は、次の三つのいずれかによるものとされてきた。すなわち、避難した国への統合、第三国への定住、そして本国への帰還である。第三国とは、避難した国とは別の国を意味する。本国帰還は、政治状況などが根本的に変わることによって可能になる。

ただ、解決策がこのように示されているにもかかわらず、個人の側には庇護を与えられる権利は保障されておらず、難民の受け入れは主権国家の裁量によることから、本国帰還がかなわない場合に（二〇一八年に本国に帰還できた難民は全体の三％弱）、長期間にわたっていずれの解決も得られないままにおかれる者が少なくない。

国連難民高等弁務官事務所発行の文書 *Global Trends : Forced Displacement in 2019* によると、二〇一九年末の時点で避難を強制された状態にある者が世界には七九五〇万人おり、その内訳は、難民が二六〇〇万人、庇護申請者が四二〇万人、国内避難民（ＩＤＰ）が四五七〇万人とされる。全体の四割は一八歳未満の子どもだという。ちなみにIDPとは、国境を越えず自国内にとどまっているものの難民と同じような状態にある人のことをいうが、本稿では難民・庇護申請者に焦点をあてて論じていく。

受け入れ国の実情を見ると、難民のほぼすべてといってよい八割以上が「南」の発展途上国にいる。現に、最も多くの難民を受け入れている国はトルコ、コロンビア、パキスタン、ウガンダであり、ようやく第五位にドイツの名があがる。これに続くのもスーダン、イラン、レバノンといった国々であり、「北の」先進国に受け入れられている難民はほんの一握りであることが分かる。

(3) インドシナ難民の受け入れ

ここで日本について見てみよう。第二次世界大戦前から難民（以前は「政治亡命者」と称されていた）の受け入れを散発的に行ってきた日本が、その営みを制度化するに至ったのは一九七〇年代末から八〇年代初頭にかけてである。直接のきっかけはインドシナ難民の発生であった。一九七〇年代中葉に、急速な社会主義化を嫌って多くの人間が海路あるいは陸路インドシナ諸国を逃れ出た。この地域に歴史的負債を負う米国など欧米諸国は、近隣諸国への社会・共産主義の拡散を恐れ、ただちにその受け入れに乗り出すことになる。

当初、外国船舶に救助されたボート・ピープルの一時上陸にすら拒否反応を示すなど、冷淡としかいいようのない態度をとっていた日本も、米国からの外交圧力を受け、一九七八年の閣議了解を通じてベトナム難民を受け入れることになる。最初は一家族三人。無にも等しいその数は、だが日本と難民の関係を根本から変容させる無限の可能性を秘めていた。一九七九年からは定住枠を設定し、以後、漸増を続けたその枠は最終的に一万人に達する。

こうして、受け入れ最終年となった二〇〇五年末までに日本に定住を許可されたインドシナ難民は一万一一三九人を記録するまでになる。難民の一時上陸すら拒んでいたことを思い起こせば、劇的な政策変更の証《あかし》にほかなるまい。その事実は、しかし奇妙にも、「難民鎖国」という日本に対する不祥のイメージの構築を阻止することにはならなかった。その理由として、次のような事情が考えられる。

第一に、日本政府の当初とっていた冷淡な態度が残像のように事後の風景を支配し、これに加えて、定住枠も小出しの拡大だったため、受け入れの対外的インパクトがきわめて小さなものにとどまってしまった。

第二に、インドシナ難民の定住は、日本社会の「単一民族神話」を揺るがすまでには至らず、難民たちは「同化」あるいは「排除」を促す圧力を受け、少なからぬ者が日本社会での周縁化を余儀なくされてしまった。

第三に、多くの障壁に直面しながらも、インドシナ難民の受け入れが日本社会に多くの成果・遺産を残したことは紛れもない。そうであればこそ、その貴重な経験を普遍化し、他の難民集団の受け入れに転用してもよさそうなものではあった。けれども、コソボやルワンダから大量の難民が流出したときも、イラクやロヒンギャの人々が懸命に助けを求めたときも、日本がその受け入れに名乗りをあげることはなかった。インドシナ難民の受け入れは米国の圧力を受けての政治的例外とでもいわんばかりの感があった。

もっとも日本は二〇一〇年から、閣議了解により、当初はタイ、現在はマレーシアに滞在するミャンマー難民の受け入れ（第三国定住）を、年間三〇人の枠を設けて開始した。二〇一八年末までにこうした形で一七四人のミャンマー難民を受け入れているのだが、同様に第三国定住を実施している諸国と比べるとその数はいかにも少ない。

ちなみに、二〇一八年には二五か国が九万二四〇〇人の難民に第三国定住の機会を提供したが、そのうち最大の受け入れはカナダ（二万八〇七六人）であり、以下、米国（二万二九三八人）、オーストラリア（一万二七〇六人）、英国（五八〇六人）、フランス（五五六〇人）と続き、日本はアイスランド（五三人）、ポルトガル（三五人）、スロベニア（三四人）、韓国（二六人）よりも少ない二二人で、第二二位であった。二〇一九年には一〇万七八〇〇人が二六か国に再定住し、最大の受け入れがカナダの三万一〇〇〇人、以下、米国が二万七五〇〇人、オーストラリアが一万八二〇〇人で、日本は二〇人であった。

第四に、難民条約の解釈適用が過度なまでに厳格で、そのゆえもあり難民条約上の難民の認定実績が際立って貧弱な実情があげられる。実際のところ、この実情こそが、日本に難民鎖国の批判を招き入れる最大の誘因になってきたといって差し支えない。

(4)　難民条約への加入

難民条約・同議定書が日本について効力を生じたのは一九八二年一月一日である。日本政府は当初、難民条約を欧州の事態を対象にしたものと認識していた。一九六七年に難民議定書が作成された後、政府は各国における難民の取り扱いに関心を示し、調査・研究に着手したが、条約の締結にまで結びつくことはなかった。

外国人の定着居住を厳しく制限する基本政策とともに、政情不安な国々と隣接する地政学的・外交的な事情が難民に対するきわめて抑制的な態度をもたらしていた。「単一民族神話」や、経済効率を優先する社会のあり方が、難民保護法制の整備を阻む要因として機能していたことも否定できない。そうした日本が難民条約・同議定書への加入に踏み切ったのは、インドシナ難民問題を機に西側（欧米）諸国の一員として難民問題解決に向けた国際協力に携わる必要に迫られたからである。

日本政府は、両文書の国内実施を確保する目的で出入国管理及び難民認定法（入管法）を整え、両文書が日本について発効するのに合わせてこれを施行した。入管法は、一九四六年にポツダム政令として制定された出入国管理令を母体としている。この政令が一九五二年のサンフランシスコ平和条約発効後も法律としての効力を与えられていたのだが、両文書加入に際して改正されるにあたり、その名称が入管法に改められたというわけである。

入管法の眼目は、難民認定手続を新設したところにあった。インドシナ難民の受け入れが閣議了解という「政治的」判断により行われたのに対して、難民認定手続は出身国の制約なく、日本にたどり着いた難民に庇護を与えるための「法的」根拠を提供するものである。この手続の下に、難民条約・同議定書上の難民（条約難民）かどうかが見極められ、要件を充足していると判断された者が難民と認定される。国は、難民に庇護を付与する義務まで課せられているわけではないものの、他国がそうしているように、日本でも難民認定を受けた者はそのまま在留を認められることになった。

難民認定手続の設置は日本にとって前例のない画期的なことであった。しかし、国境管理、つまりは「国境の門番」として異質な者に目を光らす法務省入国管理局（現在の出入国在留管理庁）が難民認否の担当機関に指名され、しかも不服申立ての処理も同じ機関に委ねられたため、異質性満載の難民の保護が真に可能なのか、初手から疑義が呈されていた。

また、手続の要として難民調査官が新設されたのはよかったのだが、そのポストは入国審査官が一時的に担当するに過ぎず、しかも、一次審査・不服申立てという二段階の手続において、誰がどのような基準で認否判断を下すのかが外部にはまったく分からないという不透明さを湛えたものでもあった。

1章の⑷に紹介したように、一九八八年の法務省の研修教材には、難民認定申請者の出身国が友好国かそうでないかによって難民認否の結論が変わり得る旨が明記されていたことも、疑念を呼びこむ一因であった。さらに、上陸後六〇日以内に申請を行わなければならないという時間的制限（六〇日ルール）が課せられたため、期限を徒過したことを理由に難民とは認定されないという事態も続出した。

難民認定手続が導入された最初期は、インドシナ難民として受け入れられた者が条約難民としての地位を得るために申請を行い、認定を受けることが少なくなかった。しかし、それが一段落し「平成」が始まると、認定数が限りなくゼロに近い期間が訪れる（申請数は毎年、おおむね五〇前後であった）。行政機関の判断をチェックすべき裁判所も事態改善を促すような判断を示すことはなく、こうして、機能せぬ難民認定手続を前に「難民鎖国」のイメージと実像が相互に強化しあいながら増幅されていくのである。

(5)　入管法の改正

アムネスティ・インターナショナルによる調査や国内の研究者・実務家たちからの働きかけがあったにもかかわらず、一九九〇年代を通して、手続改革への機運は盛り上がらなかった。ところが二〇〇二年に空気が一変する。中国瀋陽の日本総領事館に駆け込んだ「北朝鮮難民」への日本側の対応が酷薄極まるとして各方面から非難が集中し、そこから一気に改正の流れが噴き出したのである。

そして「難民問題に関する専門部会」からの報告を受けた出入国管理政策懇談会の意見を下敷きに、二〇〇五年五月、難民認定手続に初めて手を入れた改正入管法が施行される運びとなった。「六〇日ルール」の廃止とともに耳目を集めたのは、不服申立ての段階に、冒頭で触れた「難民審査参与員」の制度が組み入れられたことである。難民審査参与員は、法律または国際情勢に関する学識経験者のうちから法相が任命するものとされた。独立性と透明性の欠如は日本の難民認定手続の抱える重大な欠陥であったが、そこにメスが入ることになったわけである。

だがこうした手続改正によって「難民鎖国」の実像・イメージが払拭されることはなかった。難民申請数は一九九六年から三桁、二〇〇八年から四桁、二〇一六年から五桁へと増加しているが、難民認定の実績に有意な変化は生じていない。これまでで最多を記録した二〇一七年の実績を見ると、申請数一万九六二九、難民認定数二〇（うち、不服申立てにより認定された者一人）、二〇一八年も申請数一万四九三、難民認定数四二（うち、不服申立てにより認定された者四人）、さらに二〇一九年も申請数一万三七五、難民認定数四四（うち、不服申立てにより認定された者一人）と、ゼロに等しかった時期よりも認定率は低下している。

真の難民が日本にはほとんど来ないからだ、と説明する向きもあるが、むしろ、真の難民がきちんと認定されているのかを問う必要があるのではないか、というのが私の偽らざる所懐である。

(6) 不可能の追求？

日本の入管法上の難民とは難民条約・同議定書（以下、難民条約とのみ記す）の定める難民にほかならない。既に述べたように、アフリカとラテンアメリカには、これに加えてさらに広義の難民の定義がおかれているのだが、日本や欧米諸国は難民条約上の難民の定義のみを採用している。ただＥＵ諸国やカナダ、オーストラリアなどは近年、「補完的保護（complementary protection）」と呼称される制度をあわせて導入し、難民には該当しないものの本国に戻すことができない者にも保護を与えるようにしている。

補完的保護が付与される典型例は拷問の危険性のある者である。拷問の危険性があれば難民条約の定める「迫害」のおそれがあることには違いないが、難民と認められるには、その迫害が人種、宗教、政治的意見など五つの理由のいずれかに拠《よ》るものでなくてはならない。そのため拷問の危険性がこれらのどの理由にも拠らない場合には難民とは認められないことになる。人道に対する犯罪を行った者なども、難民とは認められない。しかし、拷問禁止条約などの要請により、現在では、拷問を受けるおそれのある国に人を送り返すことは絶対にしてはならない。そこで、難民ではなくとも拷問を受ける危険性がある者を保護する制度が設けられることになったわけである。この制度のことを総称して補完的保護という。

ちなみに、カナダでは補完的保護の対象者には「保護を必要とする者（a person in need of protection）」という言葉が用いられている。拷問だけでなく、死刑や武力紛争により生命・身体への脅威を受ける者にも保護を義務付ける欧州連合（ＥＵ）では「補充的保護（subsidiary protection）」という特有の言葉が用いられているが、その意味するところは補完的保護と異ならない。なおＥＵでは難民の保護と補充的保護をあわせて「国際的保護」と表記している。

日本は、広義の難民の定義も補完的保護の制度もとり入れていない。ただし、難民と認められずとも「人道的な配慮」により在留を許可される者がおり、法務省のＨＰにはそうして在留を認められた者が「庇護」という言葉の下に難民と並んで記されている。日本版補完的保護といえなくもないが、ただ、各国では補完的保護の付与が義務とされているのに対して、日本ではどのような基準で人道配慮が認められるのかが明確でなく、なにより保護の付与が義務であるという認識に基づいて人道配慮がなされているようには見受けられない（欧米諸国では難民・補完的保護に加えて、さらに「人道的保護」という受け入れ枠も用意されている）。

国連難民高等弁務官事務所（ＵＮＨＣＲ）発行の*Global Trends: Forced Displacement in 2019*などによると、二〇一九年に最大の庇護申請の登録があった国は米国（三〇万一〇〇〇件）で、以下、ペルー（二五万九八〇〇）、ドイツ（一四万二五〇〇）、フランス（一二万三九〇〇）、スペイン（一一万八三〇〇）、ブラジル（八万二五〇〇）、ギリシア（七万四九〇〇）、メキシコ（七万四〇〇）、コスタリカ（五万九二〇〇）、カナダ（五万八四〇〇）と続く。このほか、英国は三万五五〇〇、オーストラリアは二万八八〇〇、オランダでも二万九四〇件の庇護申請が記録されている。ＥＵ全体では七一万四二〇〇件余であった（ＥＵについては、*EASO, EU+ asylum trends 2019 Overview* 参照）。この年の日本の難民認定申請数は一万三七五件である。

二〇一八年の数字で見ると、同年に難民認定または補完的保護を与えられた者は世界全体で五〇万一〇〇人で、認否判断がなされた総数の四四％にあたる。その内訳は、難民と認められた者三五万一一〇〇人、補完的保護が与えられた者一四万九〇〇〇人（このほか却下六三万四一〇〇人）なので、難民に限定した認定率は三一％ということになる。ドイツでは、一次審査で二一万六八七三件中七万五九七一件において認容判断（認容率三五％）が示され、そのうち難民認定は四万一三六八人（一九・一％）、補充的保護は二万五〇五五人（一一・六％）であった（このほか人道的保護が九五四八人に与えられている）。不服申立判断も一七万一九〇五件下され、認容率は一七・二％、そのうち難民の地位が八・九％、補充的保護が一・五％の割合で認められた（このほか人道的保護が六・八％）。ＥＵ全体で見ると、一次審査で五九万三五〇〇件の判断が示され、認定率は三四％（そのうち三分の二が難民としての認定）を記録している。

カナダでは、二〇一二年一二月以降の新制度の下で二〇一九年の審査結果は、申請付託数が五万八三七八件（二一二九件は取り下げ）あり、二万五〇三四件で難民あるいは「保護を必要とする者」との判断が示され、不服申立てでも八六八四件中一一七四件で認容判断が下されている。また米国については、国土安全保障省の二〇一九年の統計によれば、提出された申請数は三〇万七七〇四件あり、三万七五六七件で申請が認められている。

他方二〇一九年における日本の実績は、難民認定申請数が一万三七五件で、難民と認定された者四三人、不服申立数は五一三〇件で、「理由あり」として難民と認定された者は一人であった。このほか（その理由は不分明だが）人道配慮により在留を認められたのは三七人であり、両方を合わせると八一人に「庇護」が与えられたと法務省のＨＰは伝えている。同年の実際の処理件数を見ると、一次審査は七一三一件、不服審査は八二九一件とのことなので、それらを母数とすると、難民認定率は一時審査で〇・六％、不服審査ではゼロといってよい。

一九八二年から二〇一九年までの三八年間をかけて日本が難民と認定した者の総計は七九四人、人道配慮により在留を認めた者の総計は二六六五人で、合わせて三四五九人である。この数字は、二〇一八年のドイツであれば二週間ほどで上回ってしまう（難民認定は一週間弱分）。日本で庇護を受けること、とりわけ難民と認定されるのは不可能を追求するにも等しい実態がある。

(7)「国境の門番」の圧力

難民認定数が極端に少ない理由として、法務省は「我が国での申請者の多くが、大量の難民・避難民を生じさせるような事情がない国々からの申請者」であることを示唆する。たしかにそうした傾向はあるものの、しかし、インドネシア、ネパール、フィリピンなど日本における申請最上位国の出身者であっても欧米では相応の認定実績が続いている。また、申請最上位国に入るかどうかは別として、トルコ出身者による難民申請について見ると、EU全体で二〇一七年は三三%、二〇一八年は四七%が国際的保護を受けており（そのほぼ全員が難民認定）、およそ難民とは認めぬ日本との違いは歴然としている。バングラデシュ、中国、スリランカ、ナイジェリア、イランといった国々の出身者についても難民認否の実情には際立った隔たりがある。大量難民発生国出身者でないから難民と認定されなくても不思議はない、という理屈には説得力がない。

他方で、日本の難民認定の貧寒たる実情について、難民認定手続を濫用する者が多いからだと説く向きもある。しかし、二〇一八年の実績に関する法務省の解説によると、「振分けの段階で明らかに濫用・誤用的な申請と判断された案件が申請者総数に占める割合は、前年の約三四%から約二二%に減少してい」るとのことである。つまり、二〇一七年で申請全体の六六%、二〇一八年では申請全体の七八%が濫用・誤用的で**は**な**い**ということである。二〇一九年には、その割合は九三・三%に達している。日本では、そうした申請の実態がある中にあって、なお認定率が限りなくゼロに近いわけである。

管見では、難民不認定が相次ぐ背景にある要因として、制度・信憑《しんぴょう》性評価・難民要件の解釈にかかる問題がとりわけ看過できないように思う。これらは密接に関わりあっているのだが、以下で順に見ていくことにする。

まず制度にかかる問題とは、端的に、認定機関の独立性の欠如と言い換えられる。日本では一次審査も不服申立審査もいずれも出入国管理機関内で行われている。難民調査官というポストが設けられているほか、担当係官に対するUNHCRなどの研修機会が増えていること、さらに、外部有識者たる難民審査参与員が不服申立審査に関与するようになっていることは、いずれも公正な判断を導くうえで重要な前進といってよい。しかし致命的ともいえる問題は、出入国管理機関内で手続が完結してしまうことである。

出入国管理機関の存在意義は、「国境の門番」として疑わしきあるいは危険な外国人から国を守るところにある。それゆえ正規の手続を侵犯して入国・在留する者には当然ながら強度の警戒心が向けられる。だが、難民申請者の中には正規の手続を大幅に逸脱し、場合によっては危ういブローカーの違法な力添えがあってはじめて上陸できる者も少なくない。そうした者が保護を求めて現れ出たとき、「国境の門番」にその審査をすべて委ねてしまうことには制度的に難がある。難民認定と国境管理は同じ目的を追求しているわけではないからである。

むろん、難民調査官や難民審査参与員は「国境の門番」ではないとの反論もあり得よう。だが、手続のすべてが出入国管理機関の中で遂行されるとき、そこで作用する制度圧力が異質な者（難民）の保護ではなく排除を促す方向に強く働くことは紛れもない。そもそも難民調査官は数年で「本来の業務」に戻っていき、有識者ではあっても難民認定の専門家ではなく、研修もないまま審査にあたる難民審査参与員もこうした制度圧力からは自由でいられない。この圧力の下にあって、非正規性漂う難民申請者に差し向けられるのは「信頼」ではなく「不信」の眼《め》になっていく。

人権擁護を旨とする適正な難民認否判断は、このような制度環境の中ではとても難しい。二〇一九年四月に入国管理局が出入国在留管理庁として再編されたが、それによって制度にかかる問題が解消の兆しを見せているわけではなく、現に、現場でも特段の変化は感じられない。

諸外国を見ると、いずれも日本と同様におおむね二段階の審査構造になっている。たとえば、フランスは難民・無国籍者保護庁と国家庇護裁判所、ドイツは連邦移民・難民庁と行政裁判所、英国は内務省と庇護審判所、カナダは移民難民庁保護部と同庁不服審査部、オーストラリア（有効な査証保持者の場合）は内務省と行政不服審判所移民・難民部、といった具合である。日本との違いは、手続のいずれかの段階（あるいはすべて）において相応の独立性が確保され、また難民認否が専門性をもって行われているところにある。国境管理とのせめぎ合いの中で、各国は、難民の擁護をいかに実現するかという視点に立って制度改革を続けている。日本もそこに学ぶべきである。

独立性の確保は、難民認否が政治的・外交的な配慮を踏まえて行われているのではないかという疑念を払拭するうえでも欠かすことができない。欧米で多くの難民認定が出ている中国やトルコからの申請者に日本が不認定の判断を積み重ねている現実を想起してみるとよい。現行の手続では、政治的・外交的な力が働いているのではないかという疑いが出てきてもおかしくない。それを避けるためにも、制度的独立性の確保は大切なのである。

(8) 供述の信憑性評価

次に信憑性の評価にかかる問題だが、「国境の門番」のメンタリティは、実のところ供述の信憑性評価の側面に象徴的に現れている。私の経験からいうと、第一次審査における不認定判断では、申請者の供述を信用していないことがほとんどである。なぜここまで信用しないのかという思いがもたげることも多いのだが、それだけにいっそう申請者に「不信」の眼が向けられていることが感じ取れる。

難民認定過程において信憑性の評価は決定的な重みをもつ。文化も習慣も言語も法制度も異なる外国の一地域においていったい何が起きたのか、それを精確に知ることは至難の技にほかならない。だが、難民認定手続の主要な目的は、重大な人権侵害を受けるおそれのある者を保護することにある。保護を求めてきた者を、まちがっても、迫害を受ける国に送りかえしてはならない。判断権者には、この基本的要請を徹頭徹尾念頭において信憑性評価にあたることが求められる。こうした認識に基づき、国際的には、信憑性の評価にあたり次のような了解がある。

第一に、虚偽の供述については、額面どおり受け取るのではなく、申請者の特殊な心理的機制を考慮する必要がある。たとえば、強度の迫害を受けた者や官憲への警戒心をもつ者であれば、最初から真実を語ることには抵抗があるかもしれない。また、申請者の中には虚偽の供述のみならず「偽造文書」を提出する者も少なくないが、文書の偽造が慣行化している社会から来た者にとってみれば生き延びるための術《すべ》に過ぎず、そこに特段の意図は込められていないのかもしれない。提出されたすべての文書が偽造されているからといって、ただちに供述の信憑性を否定してしまうことは慎むべきである。

第二に、私たちは、あいまいさより具体性（明確性）、矛盾より一貫性、もっともらしくないことよりもっともらしさ、重大な事柄（主要事実）を後になって提示する態度よりすべての事柄を早期に提示する態度、にプラスの評価を与えるのが通例である。しかし、難民認定手続にあって、こうした正負の評価基準の採用にはことのほか抑制的でなくてはならない。なぜあいまいなのか、なぜ矛盾しているのか、なぜ早期に提示しなかったのかといった点を一つひとつ確認し、冷静に解明していくことが求められる。申請者に「不信」の眼を向けているのでは、こうした作業がおろそかになってしまう。

第三に、信憑性評価にあたっては、供述の核心部分（難民性の評価に直接に関わる事情）についての一貫性を見定めることが重要であって、核心的でないところにおける小さな矛盾によって供述全体の信憑性を否定してはならない。当然ではあるが、何が核心的な事情にあたるのかは難民の要件を十分に理解していないと判別できない。身上調査のようなことを延々と続け、在日親族関係にかかる供述に矛盾を見つけたところで、それが核心的な事情でないのなら、難民認否にとっては何の意味もない。

供述の信憑性の最終的な評価については、核心部分について一貫性があり（内的一貫性の具備）、それが一般に知られた事実に反しておらず（外的一貫性の具備）、したがって、すべてを考慮して信じられないわけではないのであれば、その供述を信用できるものとして扱うべきとされている。

こうした信憑性評価にかかる国際的了解が、日本の難民認定手続にあってはどうも共有されているようには見受けられないのである。

(9) 出身国情報の取扱い

難民認定申請者の供述の信憑性を評価するにあたって重要な役割を演ずるのが出身国情報（ＣＯＩと略称される）である。前述したように、信憑性評価に際しては、難民性にかかる核心部分の供述が一貫していること（内的一貫性）と、それが一般に知られた事実に反していないこと（外的一貫性）を見極める必要がある。そのいずれにあってもＣＯＩは不可欠であり、ＣＯＩなくして適正な難民認定は不可能といってもよい。

不服申立審査における私の経験でも、ＣＯＩの重要性を感得させる実例として、こういうことがあった。ある国で性的少数者と間違われたため迫害を受ける危険性があるとして、庇護を求めてきた者がいた。審査にあたったところ、供述自体は一貫しており特段の不自然さは見て取れなかった。しかし、その国における性的少数者の処遇について信頼できる情報を収集している国際ＮＧＯと、世界的に定評のある報道機関の関連情報を付き合わせてみると、最も重要な局面で矛盾が生じていることが分かった。当人の弁明を聞くほどにその矛盾は増幅し、本件では最終的に外的一貫性の欠如を理由に供述の信憑性を否定せざるを得なかった。

このケースとは対照的に、申請者の供述がＣＯＩによって補強されることもある。その例として、自分自身にはまったく関わりのない交通事故で夫が死亡したことの責任を負わされ、森の中で裸になって夫の遺体に数日寄り添い、かつ夫の遺体から出る液体を飲まされることになったとして庇護を求めてきた者がいる。にわかに信じがたい話であり、ところどころ申請者本人の記憶も不鮮明だったのだが、ＣＯＩを調べてみると、その国では女性に対してそのような習わしが確かにあり、同じような事情から欧米諸国で難民認定申請が行われていることもわかった。この場合には、適切なＣＯＩが入手できなければ、供述の信用性に安易に否定的な評価を下しかねないところであった。

右の案件では、いずれも、必要なＣＯＩの検討がなされないまま原審の判断が示されていた。難民認否にあたる個々の難民調査官やその他の係官はそれぞれに必要なCOIを収集し、真摯に作業にあたっているのであろうが、いかんせん個人の力では限界がある。難民審査参与員にしても同様である。

右の案件のように必要なCOIにたどり着くには相当の労力を必要とし、これを十分な水準を保ちつつ持続的に遂行するのは至難の技である。情報収集の多くを個人の力に頼るかぎり、適正な判断を常態的に期待するのは難しい。そして、COIが手薄になると「国境の門番」のメンタリティが信憑《しんぴょう》性の評価にダイレクトに反映されやすくなってしまう。

難民認定のあり方につき精細な説示を含んだ二〇〇三年四月九日の東京地裁判決は、COIの必要性に関して次のように述べている。「難民該当性についての立証義務は専ら当該難民認定申請者にあり、この義務が尽くされない限りは、難民認定を受けられないものと解するのは相当ではなく、法務大臣においても、難民認定申請者自身の供述内容や、その提出資料に照らし、必要な範囲での調査を行う義務がある」。

控訴審においても、難民条約・議定書に基づく難民庇護義務にもとる結果が生じないよう、「判断権者である法務大臣は、難民調査官に必要な資料の収集を適切に行わせた上で、これらの資料をもとに公正かつ慎重に吟味、評価し、その真偽を判断すべき」ことが念押しされている（東京高判・二〇〇四年一月一四日）。

このように出身国情報の重要性は裁判所によって確認され、日本政府も専門性をもつ担当者の必要性は認識しているものの、現時点までの体制は貧弱というしかない。

もとより、ＣＯＩと銘打てばどのようなものでもよいわけではなく、当然ながら相応の質的保証がなければならない。国際的にはおおむね次のような基準の充足が求められている。第一、正確であること。第二、事案に関連したものであること。第三、信頼できる客観的・中立なものであること。第四、バランスがとれており過度に選択的でないこと。第五、最新のものであること。第六、公開・透明性がありアクセス可能なものであること。このような基準を満たすＣＯＩの収集・提供体制を日本でも整えるべきである。

なお、日本の難民認定実務では在外公館や外務省からの情報が無批判に信頼されているが、政府機関からの情報の利用には客観性・中立性、バランスの観点から警戒的でなくてはならない。特段のバイアスがない情報源からの情報であっても、誤りを避けるため、複数の情報源とのクロスチェックが必要である。

有馬みき「ＣＯＩ先進国から学ぶ」（山本哲史編『難民保護の理論と実践』（HUMAN SECURITY 文庫、二〇一四年）所収）によると、出身国情報を収集・提供する組織は、世界的には、認定機関の一部門が行う場合と認定機関以外の組織が行う場合とに分けられる。前者の代表例はベルギーであり、難民・無国籍認定を行う一次審査機関が出入国管理業務とは別の政府機関として存在しており、その中に出身国情報を担当する部門がおかれている。英国の国境局にも出身国情報部門があり、この組織の情報は日本の難民認定実務でも参照されることが少なくない。

他方で認定機関以外の組織はさらに三つに分けられ、第一は認定機関から独立した公的機関、第二はNGO、第三は国際機関、に整理できる。第一のものに含まれるのがアイルランドの難民ドキュメンテーション・センターで、全当事者に等しくサービスを提供する点で組織のあり方として最良のものと評されている。第二のものとしてはオーストリア出身国庇護研究ドキュメンテーションセンター（アコード）がよく知られており、第三のものとしてはUNHCRのRefworldというデータベースが広く利用されている。

こうした優れたCOI組織のあり方は、日本における情報収集・提供体制づくりにも大いに参考になるものに相違ない。

⑽　迫害の解釈

難民不認定が相次ぐ背景事情として、制度、信憑性評価と並び問題視されるのが難民要件の解釈である。日本で難民と認定される者は難民条約・議定書に定義される難民の要件を満たさなければならない。一般に、難民認定は「創設的」ではなく「宣言的」効果をもつに過ぎないとされる。言い換えると、難民は難民だから難民と認定（宣言）されるのであって、難民と認定されて初めて難民になるわけではない。

難民の要件を満たしている者は当然に難民と認定されなくてはならないのだが、実務にあって事はそれほど単純でない。信憑性評価がそうであるように、難民要件の解釈についても、現実の運用は国や判断権者によって一様でない。その結果、同様の事情にある者であっても、難民と認定されるものとそうでないものとが出てきてしまう。信憑性評価とともに難民要件の解釈適用の仕方が、申請者にとって運命の分かれ道になっているのが実情である。

難民の要件は大きく分けると二つの部分から成る。一つは積極的要件（該当事由）、もう一つは消極的要件（除外事由）と呼ばれる（難民の地位を終止させる事由についてはここでは立ち入らない）。論述の便宜上、後者から説明すると、難民の地位は次の除外事由のいずれかにあてはまる者には認められない。すなわち、①国連の保護・援助を受けている者、②国際的保護を必要としない者、③国際的保護に値しない者、である（難民条約一条ＤＥＦ）。

①には、これまでのところ、*1*章の⑹で言及した国連パレスチナ難民救済事業機関の援助を受けているパレスチナ難民が該当し、②は事実上の国民として居住している国が別にある者、③は戦争犯罪や国連の目的・原則に反する行為などを行ったと考えられる重大な理由がある者、を指す。国際的には③の適用をめぐる問題が近年増えてきているが、日本では除外事由によるというより、該当事由を備えていないとして難民不認定になる例がほぼすべてといって過言でない。

該当事由とは、第一に「迫害」を受けるおそれがあること、第二にそのおそれに「十分に理由のある」こと、第三に迫害が人種・宗教・国籍・特定の社会的集団の構成員であること・政治的意見のいずれかを理由としていること、第四に国籍国（無国籍者の場合には常居所国）の外にいること、である（難民議定書によって改正された難民条約一条A(2)参照）。これらすべてを具備し、除外事由がない場合に初めて難民の地位が付与されることになる。

難民認定作業では、申請者の提出資料や供述、COIなどをもとに認定した事実を難民の要件にあてはめるわけだが、日本ではCOIの貧弱さも手伝って信憑性評価に際し申請者に不利な判断がなされがちなことについては縷々《るる》述べてきたとおりである。これに加えて、「国境の門番」のメンタリティは難民の該当事由がきわめて狭く解釈されるところにさらに強く現れている。

まず「迫害」についてだが、不服申立ての審査にあたって絶えぬ疑問は、原審が何をもって迫害と考えているのかが判然としないことである。裁判判決についても妥当する場合があるが、迫害の定義がなきに等しいまま不認定判断が下されてきている。迫害の定義をはっきりさせないままに判断するのでは、難民認定過程を不透明にするばかりである。

もっとも日本では、「迫害とは、通常人において受忍し得ない苦痛をもたらす攻撃ないし圧迫であって、生命又は身体の自由の侵害又は抑圧を意味する」という、難民条約加入に際して示されていた行政官の見解が裁判所でも連綿と採用されてきた実態があり、こうした見解が暗黙裡《り》であれ行政・司法において広く共有されてきているともいえる。要は生命・身体に対する国家機関からの堪え難い攻撃が迫害とみなされてきたということなのだが、迫害をこのように狭く理解することは国際標準からひどく乖離《かいり》している。

ＵＮＨＣＲ、ＥＵ、さらに各国の裁判・行政実務が指し示すように、迫害は基本的人権の重大な侵害を主要なメルクマールとして判断すべきものである。そこには、累積する差別や教育・労働機会の剥奪なども当然に含まれる。国籍の剥奪であっても、社会構成員性の喪失がもたらす苦境ゆえに迫害とみなされてきている。日本の狭隘《きょうあい》な理解では、これらはどれも迫害の範疇《はんちゅう》から除かれてしまう。

迫害は、国家機関だけでなく私人（政治・宗教勢力やギャングなど）が行う場合にも成立する。ただし、その場合には私人の行為を効果的に規制する国家の意思・能力が欠けていることを確認しなくてはならない。この点、日本では、私人による危害との関連で問われてきたのは、国家がそれを放置・助長しているかどうかであり、放置・助長していないのであれば、当人への危害を規制できなくても迫害はない、という判断が示されている。

放置・助長の基準はとても大雑把で、警察が存在しなんらかの行動がとられていればそれで足りるとみなされているように見受けられる。警察が壊滅している国は地球上にはほとんど存在しないので、この基準を貫徹すれば、私人による危害が迫害と判じられることはほぼ皆無に等しくなってしまう。

放置・助長論が重視しているのは国家が私人による危害に直接・間接に加担しているかどうかであり、難民認定申請者が出身国で生命や自由を現に守られるかどうかではない。ドイツやフランスなどもかつては同様の認識であったが、人権保障という観点から、こうした立場はもはやとっていない。放置・助長論は今日ではきわめて異質であり、難民条約の解釈として妥当性を欠いている。

(11) 難民概念の国内的封じ込め

迫害を受けるおそれは「十分に理由のある」ものでなくてはならないところ、ここでも日本の実務は狭隘な解釈をとり続けている。「十分に理由のある」とは、各国で「合理的な見込み」あるいは「現実の危険性」などと言い直されてきている。迫害のおそれは単なる憶測の域にとどまっていたり無視できる程度のものであってはならないが、しかし、米国連邦最高裁の Cardoza-Fonseca 事件判決（480 U.S. 421（1987））の言葉を借りるなら、出身国で「迫害されることが迫害されないことよりも確かであることを証明する必要はない」。

危険性の敷居がこのように比較的低く設定されるのは、判断を誤った場合の不利益を難民に負わせないためである。オーストラリア連邦裁判所は次のように説示する。「危険性の評価は、科学的な正確さに還元できるものではない。…判断権者は、最終的にこの問いに立ち戻ることが必要である—『もし私が間違っていたら、どうなるのか』」（84 FCR 411（1999））。

日本政府の解釈は、こうした国際標準とは異なり、難民認定申請者が迫害主体によって個別に把握されていないと「十分に理由のある」という要件の充足を認めない。実際には、迫害主体が「殊更関心を寄せているとは認めがたい」という表現をもって不認定にする例が多発しているのだが、こうなると、「迫害されることが確かである」ことの証明を求めるに等しく、要件の充足は著しく困難になってしまう。

難民条約は、前文や本文からも明らかなように、人権条約の一つとして解釈適用されるべきものである。条約の解釈の仕方を定める「条約法に関するウィーン条約」に基づき、時代の変化に応じて本来の趣旨・目的を実現するよう解釈適用することが求められている。何度も記すように日本における難民は難民条約上の難民であり、したがって日々の難民認定業務は難民条約の解釈適用にほかならない。このゆえに、条約解釈にかかる国際法の要請への配慮は不可欠なはずである。

日本の難民認定実務では、だが、難民要件の解釈がまるで国境内に閉ざされた、日本独自のものであるかのようになっている。「国境の門番」のベールに覆われて、難民条約はその理念を厚く封じられたままにある。

3 「新しい形態の迫害」とは何か

2章の(5)で紹介したように、日本の難民認定申請数は二〇〇八年から四桁台に入り、その後も増加を続けて二〇一六年には五桁台になった。この事態を前に、法務省は二〇一五年九月に「難民認定制度の運用の見直し」を、二〇一八年一月には「難民認定制度の運用の更なる見直し」を発表する（二〇一〇年三月以来、正規滞在中に難民認定申請した者には在留資格と就労許可が保障されていたところ、これが濫用・誤用されて申請数が急増したとの判断から、申請者の待遇水準の切下げと申請手続の迅速化が図られた）。

1章の(7)でも論じたように、冷戦期に構築された難民像は一九九〇年代から二一世紀にかけて急速に変容しているのだが、法務省は二〇一五年の「見直し」でこれを「新しい形態の迫害」と呼んで、その明確化が必要なことを強調した。その際、「難民認定の判断要素に関して…難民審査参与員が法務大臣に提言をし、法務大臣がその後の難民審査の判断に用いるようにするための仕組みを構築する」とされていたことから、私は、国連難民高等弁務官事務所（ＵＮＨＣＲ）の見解や学説、各国の実務を踏まえ、「新しい形態の迫害」の明確化に向けて考慮すべき事柄を記した意見書を提出した。以下で、その内容の一部を紹介する。

(1)　ジェンダー・性的指向

「公的領域での政治活動を理由に政権から弾圧を受けて国外に避難する健常な成人男性」という伝統的な難民像にあてはまらぬ事案について「新しい形態の迫害」という言葉を用いるとすると、現時点でとりわけ勘案すべきは、第一にジェンダー・性的指向にかかわる事案、第二に子どもの事案、第三に良心的兵役拒否にかかわる事案、第四に武力紛争からの避難にかかわる事案である。

第一のジェンダーにかかわる事案の多くは、女性の受ける被害を通して現れ出ている。これは、女性が女性特有の迫害を受ける場合（ジェンダー特有の形態の迫害）と、女性が女性特有の理由で迫害を受ける場合（ジェンダーに関連した理由による迫害）とに分けて整理できる。

まずジェンダー特有の形態の迫害としては、ＵＮＨＣＲが指摘するように、次のような例がある。レイプ、持参金に関連した暴力、女性性器切除、ドメスティック・バイオレンス、人身取引。このほか、性暴力、強制堕胎、強制不妊、婚姻の強制、服装等に関わる規定の違反への制裁なども同様の扱いを受けるべきものである。さらに、女性に対する差別（宗教の自由の制限、教育・労働・政治参画・社会保障の制約・剥奪等）もそれ自体であるいはその累積が迫害を構成し得る。また、女性が家族や親族、コミュニティから排除されたり、社会的な地位を著しく貶《おとし》める烙印《らくいん》を押されることもジェンダー特有の迫害となり得る。

他方で、難民条約の定める五つの迫害理由の中でジェンダーに関して最も重要な展開を見せてきたのは「特定の社会的集団の構成員」である。この要件については、一般に、「共通の不可変の特徴を共有している集団の構成員」であることを求める「保護される特性アプローチ」と、社会一般から特定の集団を構成していると認知されていることを求める「社会的認知アプローチ」がある。UNHCRはこれら二つのアプローチを調和させた解釈を提示し、女性を「生来の不可変の特性によって画される、明白な社会の部分集合の例」と位置づけている。迫害が、「女性」という「特定の社会的集団の構成員」であることを理由に生じ得るということである。

こうした認識は各国で広く共有されているが、ただ女性差別撤廃委員会も忠告するように、女性を特定の社会的集団に括《くく》ることにより、他者に依存する被害者というステレオタイプ化された女性の観念が強まるおそれがある。これを回避するために、人種、宗教、国籍、政治的意見という難民条約上の他の迫害理由の中にジェンダーの視点を入れ込んでいくことも重要である。

次に、性的少数者の関わる難民申請について問題となり得る迫害形態には次のものがある。同性愛行為の犯罪化、性的指向の変更の強制、性的少数者に対する差別。また、性的指向などを理由に社会的汚名が着せられることも少なくなく、強度によってはそれ自体で迫害が成立することもあり得る。

性的指向に関連する迫害理由については、女性に対する迫害の場合と同様に、「特定の社会的集団の構成員であること」が広く用いられている。性的指向は生来的で変更不能なものなので「保護される特性アプローチ」を援用し得ることはいうまでもないが、性的指向は公然化されないことが多いため「社会的認知アプローチ」については限界があるように見受けられる。ただ、自らが性的少数者でなくとも、社会的に性的少数者とみなされることによって迫害が加えられる場合には、社会的認知アプローチが有用である。

両性愛者に対しては、同性愛者以上に、同性愛的指向を公然化させないことによって迫害を回避できるのではないかという見解が示されることがある。しかし、性的自由は基本的人権であることから、その行使を控えるよう求めることは不適切である。UNHCRがいうように「迫害を避けるためにアイデンティティ、意見もしくは特性を変更しまたは隠すという条件により難民の資格を否認することはできない」。

(2) 子どもの被る危害

子どもの難民については、難民としての保護と子どもの特別のニーズへの配慮という二つの側面を適切に考慮する必要がある。子どもの権利委員会は、次のように述べている。

「[難民] 条約における難民の定義は、子どもの経験する迫害の特別の動機、形態および表れを考慮して、年齢とジェンダーに配慮したやり方で解釈されなければならない。親族の迫害、法定年齢に満たない者の徴用、売買春目的の子どもの人身取引および性的搾取または女性性器切除の強要は、子どもに特有の迫害の形態および表れの一部であって、そのような行為が一九五一年難民条約の迫害理由

のいずれかと関連している場合には難民資格の付与を正当化することができる。」（平野裕二訳）

子どもの権利条約は難民としての保護を求める子どもの処遇について重要な指針を提供する。迫害を受けるおそれがあるという十分に理由のある恐怖、迫害主体、迫害理由、除外事由などについて、これまで大人を標準型として解釈適用されてきたものをいかに子どもに配慮した形で鋳直すかについて重要な指針が示されている。

子どもに対して加えられる危害を迫害と評価するにあたって、子どもの権利条約の諸規定は本質的な重要性を有する。カナダ連邦裁判所が明言するように、「難民の地位を請求する子どもが「難民の」定義にあてはまるかどうかを決するにあたり、判断権者は子どもの権利条約において認められた諸権利について知っておかなくてはならない。子どもが出身国に戻った場合に十分に理由のある恐怖を有するかどうかを決することができるのは、これら諸権利の否認である」（*Kim v. Canada*,［2011］FCR 448）。

なお、子どもの権利条約には選択議定書が付されているが、一九七七年のジュネーヴ条約第一・二追加議定書、国際刑事裁判所規程にも定められているように、軍隊への子どもの強制的徴集や敵対行為への直接参加の強制は違法であり、このような重大な行為はただちに迫害に該当する。

また、子どもの権利条約三条は、子どもに関するすべての措置をとるにあたって、「子どもの最善の利益が主として考慮されるものとする」と規定する。難民条約の適用それ自体が排除される場合であっても、なお同条による配慮が法的に要請されるわけである。この点について、子どもの権利委員会は次のように説示している。子どもの「本国帰還は、原則として、子どもの最善の利益にかなう場合にのみ行われるものとする。…出入国管理に関わる一般的な主張のように、権利を基盤としない主張は最善の利益の考慮に優位し得ない」。ここには、子どもの権利条約それ自体が子どもに対して与えられる国際的保護の直接の根拠になり得ることが示されている。

(3) 良心的兵役拒否

良心的兵役拒否者について、一九七九年に刊行されたUNHCR『難民認定基準ハンドブック』は、難民の要件を充足し得る可能性を肯定しつつも、当時の法の発展段階を踏まえ、「締約国が真に良心上の理由から兵役に就くことを拒否する者に対して難民の地位を付与することは差し支えないであろう」という、ややあいまいな記述にとどまっていた。しかし、近年になって示したガイドラインにおいてUNHCRは、良心的兵役拒否それ自体が難民の地位を基礎づけることをはっきりと認めるようになっている。

UNHCRの認識の変容を促しているのは、国際人権諸機関における規範の深化である。良心的兵役拒否が国際人権法により保護されるという見解は、国際人権諸機関共通のものといってよい。その中にあって自由権規約委員会は、良心的兵役拒否権の根拠を従来は同規約一八条三項の「宗教又は信念を表明する自由」に求めており、代替役務のない強制兵役は、同条項の定める人権制約事由を充足せず、規約違反にあたるという見解であった。

しかし、二〇一一年になるとその根拠を第一八条一項に移し、良心的兵役拒否が思想、良心及び宗教的自由についての絶対的な権利の侵害にあたるとの解釈を示すに及んだ。この権利は強制によって損なわれてはならないのであり、国家が課すことのある代替役務は、文民的役務に限られ、懲罰的であってはならず、また、人権の尊重と両立した、コミュニティに対する真の役務でなくてはならないものとされた(*Min-Kyu Jeong v. Republic of Korea*)。

こうした国際人権法の規範的展開に徴するに、良心的兵役拒否者について代替役務が用意されることなく訴追・不当な処罰が行われる場合には、これを迫害と認めることが適当である。思想、信念、良心の変更を強制されることも迫害にあたり得る。もっとも、代替役務が用意されていなくとも、免除料の支払いによって軍事役務を回避できる場合には迫害のおそれは相応に減じられることになろう。

上記『ハンドブック』は、「部分的」あるいは「選択的」な良心的兵役拒否というべき事態にも言及している。現今の国際情勢にあって現実性が増しているこの事態は、さらに二つに分けられる。一つは特定の武力紛争が国際的に非難されるものであることを理由に当該紛争への参加を拒否する場合であり、もう一つは武力紛争中に展開される違法な作戦行動への参加を拒否する場合である。志願して兵役に就いた者であれ義務的に兵役に就いた者であれ、同様に直面し得る事態である。

前者については、国連安保理などによる認定がない場合にいずれの武力行使が国際的に非難されるものであるかを判ずることは実際には容易でないものの、一般論としていえば、国際法により正当化されない武力行使への従事を拒否することによって訴追・処罰される者を難民として保護することには十分な合理性があると考えられる。

後者については、特定の紛争が国際的に非難されていると否とにかかわらず問題になり得る。難民条約の規定する除外事由に該当する行為（人道に対する犯罪や戦争犯罪など）に従事せざるを得ない場合など、国際人道・刑事・人権法の重大な侵害、とりわけ一九四九年のジュネーヴ四条約の共通三条や一九七七年のジュネーヴ条約第二追加議定書四条の規定内容を蹂躙《じゅうりん》するような行為への現実の参加を強いられる者には、良心的拒否者としての保護が検討されてしかるべきである。このほか、非国家武装集団による強制徴集も、国家による効果的な保護を欠く場合には迫害に該当すると解すべきである。

(4) 武力紛争からの避難

シリア難民のような武力紛争を逃れ出る者を難民条約上の難民と認めることは難しい、という見解が日本のマスコミ媒体を通じて開陳されてきた。難民条約が求めているのは迫害の標的として「個別に選別される」ことであり、武力紛争に伴う一般的な危険にさらされているだけでは難民とは認められない、という「特異な危険（differential risk）」の存在を要求する議論である。『ハンドブック』にもこうした認識に親和的な記載があったが、UNHCRは現在では「特異な危険」論はとっておらず、「共同体の全構成員が等しく影響を受けるという事実によって、いずれか特定の個人による申請の正統性が損なわれることはまったくない」という見解を打ち出している。

各国の実務においても「特異な危険」・「個別の選別」論は採用されていない。ニュージーランドの難民認定機関の表現を借りるなら、「申請者は、迫害を受ける『通常の』現実の可能性のみ」を示せばよいのであって、「迫害のために個別に選別されているというさらに高いレベルの危険」を求められるのではない（*Refugee Appeal No.76551* [2010]）。武力紛争（国際的・非国際的）からの避難であっても、危害を加える主体、被害者の資格、危害の具体的内容、危害が非国家主体である場合には国家の保護の実態、といった諸要素を精査して難民性を判断することが求められる。

武力紛争下における迫害の形態については、国際人道・刑事・人権法の重大な違反がその主要な指標となる。特に次の行為については迫害にあたると解するのが適切である。敵対行為に直接に参加しない文民たる住民に対する攻撃（生命の恣意的な剥奪）、拷問、自由の恣意的な剥奪、レイプその他の性暴力、強制失踪、子どもの強制的徴集・敵対行為への直接参加の強制、戦闘の方法としての飢餓、文民たる住民の強制的な移動。このほか、大量破壊兵器または生物・化学兵器の使用も迫害との関連で考慮すべき重要な要素にほかならない。

難民要件の解釈適用にあたっては、こうしたグローバルな規範的潮流を適切に踏まえる必要がある。他国には見られぬ極端に厳しい解釈を用いて難民の受け入れを回避することは、負担の分担という国際協力を求める難民条約の締約国としてとるべき態度ではない。「新しい形態の迫害」の明確化にあたっても、このことをしっかりと銘記しておくべきである。

4　国際法における平和の構想

(1)　平和の追求

本シリーズ第I巻2章において指摘したように、国際法は、力の行使、植民地支配といったものを正当化する暴力的な法として機能してきた歴史がある。「力こそ正義なり」を地で行くような法として西洋の覇権を支えていたわけだが、こうした性格は二〇世紀が深まるにつれて、しだいに希薄化されることにはなる。むろん、国際社会に深く埋められた差別性は容易に払拭できるものではなく、今日にあってもなおこの法の内実に本質的変化はないと指摘する向きがあり、私自身もそうした評価に共感を覚えてはいる。

だが、実態がそうであったとしても、少なくともタテマエ＝理念のうえでは、「力こそ正義なり」はもはや通用するものではない。二一世紀に入り暴力的な位相が再び強まっている世界にあっても、力を排する理念は維持されたままにある。

力の支配に対峙する新たな理念を掲げた代表的な国際文書が一九四五年に作成された国際連合憲章である。国際社会の準憲法というべきこの文書は、国連の目的として次のことを明記している。

第一、「国際の平和及び安全を維持すること」。第二、「諸国間の友好関係を発展させること並びに世界平和を強化するために他の適当な措置をとること」。国連への加盟も「平和愛好国」に限られ、「平和に対する脅威」などに対して安全保障理事会が強制措置を発動する体制も整えられている。

　国連憲章が平和を志向していることは、これらの条文から紛れもない。国際法はその歴史の中で力によって他者を屈服させる戦争と共存することがあったにしても、国連憲章が伝える現代の国際法は、戦争を違法化し、「平和」を追求する法として再定位されている。現代国際法のビジョンは平和な世界の構築にあるといって差し支えない。

(2)　戦争の不在としての平和

とはいえ、肝心かなめの「平和」について、国際法学は必ずしも十分な関心を寄せてきたとはいえない。あまたある国際法の教科書をひもといても、平和の意味するものを正面から論じたものは皆無に等しい。少なくとも日本ではそうである。国際法学における平和とは、端的にいってしまうと、戦争あるいは武力行使の対義語として、まるで自明の理のように処せられてきたところがある。

　国際法の基本原則をつまびらかにした国連総会決議に、一九七〇年の友好関係宣言がある。同宣言では、劈頭《へきとう》で武力不行使原則の重要性が確認され、続けて国際紛争の平和的解決義務が謳《うた》われている。両者は現代国際法を最もよく代表する基本原則に違いないが、いずれも二つの世界大戦を経て明確化されるに至ったものである。

現に、総力戦化し、かつてない規模の惨禍をもたらした第一次世界大戦は、「国策遂行の手段としての戦争」という考え方に大幅な変更を迫るものとなった。それまでは「紛争の強制的解決」（戦争、復仇《ふっきゅう》、干渉など）が広く認められていたのだが、一九二〇年に発効した国際連盟規約は、一定の国際紛争を国際裁判または連盟理事会の審査に付す義務を課し、強制的解決の道を狭める方向性を確かなものにした。

連盟規約では、平和的解決に至らなかったとき最終的に戦争に訴えることがなお禁じられていなかったが、第二次世界大戦を機に誕生した国連は、憲章二条四項で武力による威嚇・武力の行使そのものを包括的に禁じ、同条三項で「国際紛争を平和的手段によって国際の平和及び安全並びに正義を危うくしないように解決しなければならない」ことをすべての加盟国に義務づけた。平和的解決義務は、憲章三三条でいっそう具体化されている。

友好関係宣言も、国連憲章二条三項を再述したうえで、次のようにいう。「国は、その国際紛争の交渉、審査、仲介、調停、仲裁裁判、司法的解決〔国際裁判〕、地域的機関又は地域的取極の利用その他当事者が選ぶ平和的手段による迅速で公正な解決を求める。当事国は…紛争の状況と性質に適した平和的手段について合意する。紛争当事国は、前記の平和的手段のいずれかによって解決が得られない場合には、合意する他の平和的手段によって紛争の解決を引き続き求める義務を負う。」

ここに示されているように、現代の国際法は、交渉や仲裁裁判、司法的解決といった平和的手段を明示するとともに、これらの手段を徹底的に追求するよう各国に求めている。紛争を平和的に解決する努力を放棄してはならないということであり、現今の不安定な世界にあってその重要性はますます際立ったものになっている。

ただ、国連憲章においても友好関係宣言にあっても、一見して明らかなように、「平和的」とは戦争（武力）によるものではない、の謂《い》いに過ぎない。実のところ、国連の目的の第一に登場する「国際の平和及び安全」や「平和愛好国」という言い方も含めて、国際法にあって平和という言葉が映し出してきたのは、「戦争の不在」にほかならない。

国連安全保障理事会で「平和に対する脅威」が認定されるケースの中に金融危機や自然災害などが含まれるようになっているにしても、平和についての了解が戦争・武力の不在を基本に組み立てられている実情に根本的な変化はない。『国際社会論　アナーキカル・ソサイエティ』（臼杵英一訳、岩波書店、二〇〇〇年）を著した論客ヘドリー・ブルも、国際社会の目標である「平和」を「戦争の不在」と定義している（一九ページ）。

国際法が国家間の関係を規律する法として機能してきた経緯に照らすなら、平和についてのこうした考え方に特段、違和感を覚えぬ向きもあろう。だが、いまや国際法は国家だけを視野に入れているのではない。平和という言葉も、狭隘な国家間関係の枠を超えて、もっと豊かな広がりをもつものとして根本的に捉え直される必要がある。

(3) 平和学の知見

国際法学とは違って、平和の追求それ自体を、最初からその目的として立ち上げられたのが平和学である。この学問分野が生まれた背景要因の第一は、米ソ核戦争の悪夢であった。平和研究を「戦争の諸原因と平和の諸条件に関する研究」と定義して一九六四年に国際平和研究学会が設立された。その翌年には日本でも「日本平和研究懇話会」が組織され、一九七三年の日本平和学会誕生へとつながっていく（岡本三夫・横山正樹編『新・平和学の現在』（法律文化社、二〇〇九年）参照）。

平和学のあり方は世界各地の現実に応じて多彩な相貌を呈しているが、日本ではヒロシマ・ナガサキと琉球／沖縄を基軸に据えた平和学のあり方が強く意識されている。もっともいかに多様であれ、平和学は戦争や核兵器といったものを研究対象に含めることから、当然ながら国際法とも深い関わりをもつ。実際に、日本でも、田畑茂二郎（京大）、宮崎繁樹（明大）、大沼保昭（東大）といった泉下にある偉大な先達のほか、松井芳郎（名大）、黒沢満（阪大）、最上敏樹（早大）ら国際法学を牽引する第一線の研究者たちが日本平和学会の理事（長）の中に名を連ねてきた。

戦争・平和の諸条件ではなく、既存の条約や法制度の解釈・適用、運用の研究に力を注ぐ近年の日本の国際法学にあって、平和学への関心は残念ながら低下しているのだが、とはいえ、先述のとおり、現代国際法が平和を追求するものに転じている以上、平和の意義を解き明かす営みは本来的に欠かすことがあってはならず、平和の概念が複雑化する二一世紀にあって、平和学の知見を参照する必要性はますます高まっているといってよい。

もっとも平和研究にあっても、当初、平和は国際法学のそれと同様に戦争・武力紛争のない状態と考えられていた。その実情を抜本的に見直し、射程の広い今日の平和学のあり方を導く強力な動力源となったのがノルウェー出身の研究者ヨハン・ガルトゥングの貢献である。ガルトゥングは、平和を、「戦争の不在」ではなく「暴力の不在（absence of violence）」と定義してみせた。暴力とは、人間（集団）の自己実現の現状が、潜在的な実現可能性以下に抑えられているときに発現する。別言すると、人間（集団）が本来実現し得るはずの状態に到達することを妨げているものが暴力とされたのである。

暴力は物理的・心理的両面から成るが、ガルトゥングはさらにこれを、加害者がはっきりしている「直接的（人為的）暴力」と、直接の行為者がいない「構造的（間接的）暴力」（暴力の制度）とに区分した。戦争や子どもの虐待などは前者の典型であり、後者は不平等な力関係・社会的差別・植民地の収奪などを含む。「平和」という語を用いて言い換えると、直接的暴力の不在は「消極的平和」、構造的暴力の不在は「積極的平和」ということになる。

ちなみに、安倍政権の下で二〇一三年一二月に閣議決定された「国家安全保障戦略」において、「同盟国である米国を始めとする関係国と連携しながら、地域及び国際社会の平和と安定にこれまで以上に積極的に寄与していく」ことに「積極的平和主義」という表現があてられていたが、積極的平和とは差別や格差といった構造的暴力の除去に向けた学術的概念であることを改めて確認しておきたい。

ガルトゥングは、その後、「文化的暴力」（暴力の文化）という概念も付加して、暴力の分析をいっそう細密にしていく。文化的暴力の不在を平和という語を用いて表現し直せば「文化的平和」（平和の文化）ということになるのだが、以上をつづめていうと、平和とは、直接的、構造的さらに文化的暴力の不在ということである。

平和をこのように「暴力の不在」と定式化することにより、平和学の範囲は飛躍的に広がった。軍事のみならず、人権、環境、教育、芸術などにかかわる、当初想定し得なかったような諸課題が研究対象に加わることにより、平和学は格段に厚みを増していく。

もとより、ガルトゥングの考え方が平和学のすべてを語っているというわけではないものの、国際法における平和も、単なる戦争・武力紛争の不在、すなわち、直接的平和（の一部）のみに焦点をあてるのではなく、より広く、国内・国際における不均衡な構造の存在や差別的言説、教育のあり方などについても問題視できる概念として再構成する必要があるのではないか。そうあって初めて、平和は国際法の追求するビジョンにふさわしい内実をもち得ることになるように思う。

(4) 平和への権利宣言

この観点から注目されてしかるべきは、二〇一六年一二月に国連総会で採択された「平和への権利に関する国連宣言」である。国連では一九六〇年代から平和と人権の関連性が議論されるようになり、八四年には総会で「人民の平和への権利宣言」が採択された。二〇〇〇年代に入ると「対テロ戦争」など新たな脅威に抗《あらが》う市民社会のイニシアティブが高まり、二〇〇八年に国連人権理事会で平和への権利宣言の起草作業が開始された（この間、市民社会を主導してスペイン国際人権法協会が果たした役割は特筆される）。

同理事会は、二〇一〇年に草案の作成作業を諮問委員会に要請する。諮問委員会とは、一八名の独立した専門家から成る同理事会のシンクタンクのことである。この要請を受けた同委員会は二〇一二年に草案を整え、これを理事会に送付する。当該草案には、平和への権利の諸原則、人間の安全保障、軍縮、平和教育、良心的兵役拒否権、民間軍事会社の問題、抵抗権、平和維持活動、発展の権利、環境権、被害者の権利、難民・移民の処遇、実施義務にまたがる、実に意欲的な内容が記されていた。消極的・積極的平和など平和学の知見を十二分に踏まえた、平和概念の今日的広がりが適切に織り込まれた草案であった。

だが、これを受けて新たに同理事会に設置された政府間作業部会（各国政府から成る）での討議は異様なまでの停滞をきたす。ようやく討議が終わり、二〇一六年に人権理事会から総会に付託された宣言案は、諮問委員会が練り上げた本文一四か条のほぼすべてを削りとり、わずか五か条に切り縮めた茫漠たる内容のものであった。平和と人権の結びつき、あるいは人権教育の推進などが、要約する手間も要しないほどに概括的な文言で記されているにすぎない。対照的に、本文に先立つ「前文」は延々と三七パラグラフに及び、まるで長広舌の釈明（本文を削った弁明）文のようである。

コンセンサス採択を期して妥協を重ねたものの、この内容の条文ですら合意に達せず、表決に持ち込まれた宣言案は、賛成一三一、反対三四、棄権一九という結果をもって総会で採択された。反対に回ったグループの主軸は欧米諸国であり、韓国と並んで日本もその隊列に加わった。「人権」として平和が位置づけられることにより、国の安全保障のあり方に制約が課せられることへの懸念・反発からであった。憲法前文に「平和的生存権」の定めをもち、その裁判規範性を認める司法判断（たとえば、二〇〇八年四月一七日の名古屋高裁判決）すらあるにもかかわらず、宣言の起草・採択に異議を唱え続けた日本政府の外交姿勢は、被爆国として真っ先に推進すべき核兵器禁止条約を全面的に拒絶し続ける貧寒たる様と重なって見える。

内容をこれほど希釈された宣言にどれほどの価値が残っているのか疑念を禁じ得ないところもあるが、ただ、そうだとしても、人権理事会の作業を支えた諮問理事会の営為には、シンクタンクとしての面目躍如たるものがあった。平和を人権と捉えることに日本や欧米諸国が異を唱えているとはいえ、平和の概念がいまや戦争・紛争の不在に収まるものでないことを諮問委員会の作業はこのうえなく明瞭に映し出していた。なかでも宣言草案を理事会に送り出す前年（二〇一一年）に作成された中間報告書（A/HRC/17/39）は、平和の重層的な断面を精確に把握するのに欠かすことができない国連文書といって過言でない。

「平和への権利に関する国連宣言」の意義は、宣言そのもの以上に、こうした貴重な知的成果を起草過程で生み出したところにあるようにも思う。人権との関わりにとどまらず国際法にとっての平和の意味を考究するにあたり、諮問委員会で積み重ねられた議論は今後とも参照されていってしかるべきものである。

5　国家の暴力とジェンダー

(1)　暴力を正統化する二つの事由

4章で確認したように、平和学の知見を踏まえると、平和とは暴力の不在であり、暴力はさらに直接的・構造的・文化的なものに類型化して整理することができる。このうち直接的暴力の代表格といえば戦争にほかならないが、現代国際法は戦争から合法性の評価を剥落させ、これを端的に違法なものとして処している。

より正確に言い表せば、違法なのは戦争そのものというより、武力による威嚇であり、武力の行使である。国連憲章二条四項は次のように定めている。「すべての加盟国は、その国際関係において、武力による威嚇又は武力の行使を、いかなる国の領土保全または政治的独立に対するものも、また、国際連合の目的と両立しない他のいかなる方法によるものも慎まなければならない」。

各国は、このように国際関係において直接的暴力の行使を明瞭に禁じられている。ただし、いかなる逸脱も許さぬ強行規範としての性格すら与えられるこの規範は、例外をまったく認めないわけではない。現に国際法学においては、なにがその例外にあたるのかをめぐり多彩な議論が積み重ねられてきており、人道的介入や在外自国民保護のための武力行使などを挙げる向きも少なくない。とはいえ、これまでのところ、武力・軍事力の行使が明文で容認されているのは自衛権と集団安全保障体制に基づくものに限られる。

今回は、国際関係において国家による暴力の行使を正当化するこの二つの事由をフェミニスト・アプローチの視点を踏まえて考察する。

(2)　自衛のための暴力

まず自衛権については、国連憲章五一条がこう定めている。「この憲章のいかなる規定も…加盟国に対して武力攻撃が発生した場合には…個別的又は集団的自衛の固有の権利を害するものではない」。

国の有する自衛権は、自然人にとっての正当防衛になぞらえて考えられてきた。正当防衛が人間人格に固有なものであるように、自衛権も国家の「固有の権利」とされている。国内法にあって自然人が男性として具現化されてきたように、国際法における国家も男性性を帯びており、その位相は自衛権のありように鮮明に映し出されている。

日本の刑法にあって正当防衛は「急迫不正の侵害に対して、自己又は他人の権利を防衛するため、やむを得ずした行為」とされる。急迫不正の侵害を排除するのに必要でかつ相当な行為について違法性が阻却されるわけである。他方、国際法においても、自衛権が成立するには武力攻撃を排除するのに必要でかつ均衡がとれたものであることが求められる（必要性の原則と均衡性の原則）。国内であろうと国際であろうと、襲い来る暴力とこれに反撃する暴力という図式の中で、両当事者が対等な力を行使できることが暗黙の前提とされている。強壮な男性同士の決闘のイメージがよく妥当する図式である。

自衛権の要件を成す必要性の原則は、代替不能性（他にとり得る平和的手段がないこと）と、即時性の要素に分節される。後者は、武力攻撃が発生した場合に即時に反撃することを求めるものだが、力関係に圧倒的な違いがある場合には、劣位にある国がこの条件を充足するのは難しい。軍事力が違えば、反撃それ自体が困難にもなる。時間をおいてなんらかの反撃をなし得ても、必要性の要件を満たさぬ暴力の行使として違法の烙印を押されかねない。もとより、強国からの恒常的な政治・経済的圧力に抗う暴力の行使が自衛権の法理によって正当化されることもない。

こうした法状況は、国内にあって女性の反撃を非正統化してきた正当防衛のあり方と相似形を成す。特に、持続的な抑圧にさらされたＤＶ被害者が平静期に殺傷行為に及んだとき、急迫性を欠くとして正当防衛の成立を否定される情景には、法主体モデルにまとわりついたジェンダーの相貌が透けて見える。暴力に対する即時の有効な反撃は、強壮な身体をもたぬ者（女性）には容易になし得ない。自衛権の法理（必要性の原則）を支える国家モデルにも、それが写し絵のように投影されている。

必要性の原則は反撃の始期においてその充足が判断されるのに対し、もう一つの要件である均衡性の原則は紛争中にとられる軍事行動全体に照らして判断される。その規範的尺度となるのが軍事目標主義である。軍事目標を狙った武力行使により巻き添えの被害が生じるが、それが均衡のとれた範囲に入るかどうかが審査されるわけである。

審査にあたり考慮されるのは、武力行使がもたらす直接的な被害である。だが軍事力は、巻き添えによる直接的被害にとどまらず、実際には、生活環境の破壊によって長期化する日常生活の苦難、食糧・水・電力などの不足による生活水準の劣化、子ども・高齢者・障害者への健康被害、教育機会の剥奪、性暴力の増加、コミュニティの解体など、多岐にわたって負の影響を生じさせる。そして、それらの負担を不釣り合いに担っているのは、どの国にあっても女性たちにほかならない。

現行の自衛権の適用にあって、均衡性の判断は決闘（武力行使）の場面で生じる限局された被害しか扱っておらず、女性たちが社会生活においてこうむる長期的な被害に関心を寄せることにはひどく消極的である。法の男性中心性あるいは女性の不在を、強く感得できるところである。

ところで、国連憲章五一条は、個々の国家が行使する個別的自衛権だけでなく集団的自衛権についても定めている。個別的であれ集団的であれ、自衛権の要件は武力攻撃の発生と必要性・均衡性の原則を柱としていることに変わりはないが、集団的自衛権を行使する場合には、これに加えて、被害国が自ら武力攻撃を受けたと宣言し、支援の要請を行うことも求められる。

ジェンダー化された相貌は、集団的自衛権のあり方にも埋め込まれている。その典型的な表出例が一九九〇年の湾岸戦争である。イラクの侵攻を受けたクウェート支援のため米国を中心にした多国籍軍が軍事介入を行い（その際に集団的自衛権が援用された）、国連のお墨付きも得て、その駆逐に成功したとされる事例である。この一件がジェンダー構造を投影しているのは、次の理由からである。

第一に、多国籍軍が悪を成敗する英雄・救世主とみなされる一方で、クウェートはイラクによって身体（領域）への侵入を受けた、保護を求める女性被害者としてイメージされた。第二に、多国籍軍によって他国の侵入から解放されたクウェートは再び閉ざされた身体すなわち男性性を回復し、これをもって正義が実現したと称揚されたのだが、本来の姿に立ち戻ったはずのクウェートの内部では、女性の参政権は否定されたままにあり、女性に対する暴力もイラク占領の有無にかかわらず同じように続いていた。それどころか、女性移住労働者への性暴力は、占領終了後にその度合いを増したとの報告すらある。

被害者を救う英雄と悪者の正面対決をプロットに据えた集団的自衛権のナラティヴは、か弱き女性性を被害国に割り振る一方で、軍事舞台を彩る戦闘員（男性）の決闘に関心を集中させることで、現実世界に広がるジェンダー差別の実態を不可視化する力学を生み出しているのである。

(3) 集団安全保障という暴力

国連を中心に据えた国際社会は、最終的には、集団安全保障の力によって維持されることが予定されている。平和を乱す国に対し、他の諸国が団結して経済制裁・軍事措置をとり国際秩序を維持するという仕組みである。自衛権の行使は、集団安全保障が発動されるまでの間、暫定的に許されるに過ぎない。

国連の集団安全保障体制は憲章七章に基礎をおく。この体制にあって鎮圧の対象とされるのは「平和に対する脅威、平和の破壊又は侵略行為」である。これらは重大さの程度に応じて差異化されているものの、三者を分かつ境界は明確でなく、いずれであっても憲章七章に基づく強制措置（経済制裁、軍事措置）をとることができる。

集団安全保障体制は、不安定な勢力均衡方式（各国が同盟関係を結び、敵対する諸国と勢力を均衡させて秩序を維持する方式）に代わって国際連盟時に導入され、国連の下で拡充されたものだが、平和を維持する方式として理念的に優れているにしても、自国の枢要な利益が侵害されたときでなければこれに積極的に関わろうとする国はほとんどなく、想定された機能を発揮できているとは到底いえない実態が続いてきた。

現に、平和の破壊あるいは侵略行為にあたると国連安保理で認定された事例はほんの一握りに過ぎない。それに比べると平和に対する脅威はとりわけ冷戦終結後、断続的に認定されるようになっており、その内容も国家間の暴力にとどまらず人種差別や人道危機、政体の暴力的変更、国際人道法・国際協定違反の事態などを含むようになっている。だが、ここにもジェンダーの観点からは見過ごせない課題が潜んでいる。

たとえば、種々の人道危機が取り上げられる中にあって、圧倒的多数の女性たちにとり最大の脅威である貧困が平和に対する脅威として認定されたことはいまだかつてない。また、南（部）アフリカの人種隔離政策は侵略行為に直接に結びつけられたのに対し、政治・教育・保健サービスなどの場から女性を制度的に締め出す性的アパルトヘイトは平和に対する脅威とすら認められていない。性差別と平和の関係は、安保理にあって希薄なままに推移してきたのが実情である。

ところが、そうした安保理において、二〇〇〇年の決議一三二五を手始めに、安全保障とジェンダーを扱う決議が次々と採択される事態が生み出されている。「女性・平和・安全保障（WPS）」というテーマに関わる安保理決議の数は、二〇一九年の決議二四六七まで合計九本に及ぶ。国際社会に浸潤するジェンダー主流化の力学を受けてのことである。

武力紛争下での女性の保護・権利への対応や紛争予防・解決プロセスにおける女性の参画に関するこれらの決議を履行するため各国は行動計画を作成するよう求められ、二〇一九年四月の時点で七九か国が策定済みである。日本も二〇一五年に第一次、二〇一九年には第二次行動計画を策定している。

WPSにかかる決議の中には武力紛争下における広範な性暴力が平和に対する脅威となる可能性を示すものもある。安保理は、これ以外にも二〇〇八年の決議一八〇七でコンゴ民主共和国の事態を平和に対する脅威と認定し、性暴力に関与した個人を含む有責者の資産凍結を命ずるに及んでいる。また、重大な人権侵害が生じた諸国における移行期正義実現のためにアドホック裁判所の設置を決定し、処罰すべき犯罪の中にレイプなど性暴力を含めてきていることもよく知られていよう。

事態のこうした展開は女性の不可視化に対峙する観点から歓迎すべきことには違いない。ただその一方にあって、ＷＰＳ決議の中には保護が必要な弱者に女性を位置づけてしまうものが少なくなく、また、女性の主体性を打ち出す決議にあっても、その意味するものが女性の過少代表性の改善を求めるに過ぎないものもある。

根本的な次元で言葉を継げば、国際社会の不均衡な構造を象徴する場でもある安保理は、軍事主義に基づく安全保障観を満々と湛えた場でもある。男性性の象徴というべき軍事力をかなめとする安保理のこれまでのあり方は、世界各地に頑強にはびこるジェンダー構造の映し鏡といってもよい。それだけに、ジェンダーの視座を安保理に持ち込むからには、軍事主義そのものを抜本的に変容させる切り口を提示することが重要になる。平和に対する脅威の中に性暴力を組み入れたところで、軍事主義に依拠して性暴力を鎮圧するというのでは、ジェンダー構造をかえって強めかねないことに留意すべきである。

(4) 暴力の不在へ

二一世紀を覆ってきた「対テロ戦争」は、米国政府主導の下に、武力攻撃が発生していなくとも将来的な危険があれば反撃できるという「予防的自衛」の考え方を広め、また、「テロ」集団のような非国家主体に対しても直接に自衛権を行使できるという解釈を拡散させる状況をつくり出している。人道的介入という名の暴力行使の可能性も、「保護する責任」という概念の創出を通じて拡充の方向にある。これを別していえば、国際関係において国家と暴力の関係はより緊密になり、国際法の男性性がさらに強められているということでもある。

暴力の制度的拡充は、悪に対する反撃・懲罰の賦課という発想に支えられているところがある。その中にあって女性は弱者あるいは保護の客体に据えおかれ、国際法はいっそう男性中心的になっていく。この偏頗《へんぱ》な法のありようを是正するには、まずは、武力行使に関する国際法（たとえば均衡性の原則）の解釈の中に女性をはじめとする多様な人間の経験・声を意識的に織り込んでいくことが欠かせない。

そしてなにより、公正で持続的な秩序（平和）にとって決定的重みをもつのは平和の条件の創出であり、とりわけ女性など社会的被傷性の強い人々の当事者性の尊重であることを銘記する必要がある。このことは、DV言説の展開が女性を無力な被害者として保護の対象に囲い込むのではなく、紛れもない主体的存在として再定位していることからもうかがい知れる。

国際法学はこれまで、憲章二条四項について論ずる際に、武力不行使原則の例外事由を正当化する議論に精力を傾けてきた。武力の禁止ではなく唱道に向かうそうした知のあり方を、軍縮や良心的兵役拒否、平和の文化の創造、貧困の削減、不平等の是正、そして女性たちの主体性の確立といった武力不行使原則を真に実質化し得る諸要素の意義を強調する方向に転換していくことが肝要である。「保護する責任」も、「防止する責任」に力点を移行していかなくてはならない。

例外事由としてであれ、男性性が投射された暴力そのものを非正統化する認識を徹底的に深めていくことが、ジェンダー化された国際秩序を変革していくための鍵である。

6 国際刑事裁判のビジョンと現実

暴力を封じ込め、平和を実現するために、国際法が様々な制度を設けてきたことはすでに記したとおりである。これに加える国際法の営みとして、ここでは、二〇世紀後半に急速に深化した国際刑事裁判の制度について取り上げる。国際平和の維持・回復を、重大な犯罪を実行した個人を処罰することによって実現しようとするところにその最大の特徴がある。

国際刑事裁判の理念を、一九四七年のニュルンベルク国際軍事裁判所判決は次のように表している――「国際法に対する犯罪は抽象的な実体ではなく人間によって実行されるのであり、そうした犯罪を実行する個人を処罰することによってはじめて国際法規の執行は可能になる」。

大規模な暴力の発現を掣肘《せいちゅう》し、人権の回復を促すことで、国際法に基づく秩序を世界全域に徹底させる旗艦的役割が国際刑事裁判に託されているといってもよいかもしれない。だが、以下に記すように、その航路はとても波静かとはいえず、その行く末には強度の濃霧が差し込み、まったく予断を許さぬ状況が広がっているように見える。

(1) 理念

航空機の不法奪取、拷問、海賊、奴隷取引といった「諸国の共通利益を害する犯罪」について、国際法は直接に犯罪の構成要件を定め、各国にその処罰のために必要な国内法の整備を求めてきている。これらの犯罪の容疑者は、所在する国で訴追されるか、そうでなければ、その犯罪行為と関連性をもつ国に引き渡されて刑事裁判に付されることになる。「引渡しか訴追か（*aut dedere, aut judicare*）」として知られる方式のことである（ちなみに、海賊については、世界のどの国が刑事管轄権を行使してもよい）。

その一方で、国際法は、犯罪の構成要件だけでなく、直接に国際刑事裁判での訴追・処罰を可能とする犯罪類型を有してもいる。「個人の国際犯罪」あるいは「国際法違反の犯罪」と呼ばれるもののことである。この類型の犯罪は、国際法を個人に垂直的に結びつけ、個人に直接に義務を課す。現時点では、ジェノサイド、人道に対する犯罪、戦争犯罪、侵略の四つがこれに該当する。ここで焦点をあてるのはこの犯罪類型である。

一般に、刑事法が機能するには、基本的価値を共有する共同体の存在が前提になる。国際社会は、しかし、ヘドリー・ブルのいう「アナーキカルな社会」として現出し、共同体といえる社会的条件が長く不在であった。それだけに、第一次世界大戦後、ドイツ皇帝の戦争責任を国際刑事裁判によって追及しようとするヴェルサイユ条約の試みは、大国主導の下ではあれ「国際共同体」の構築に向けた営みが緒についたことを物語る重要な出来事にほかならなかった。結局は不首尾に終わったとはいえ、ヴェルサイユの野望は、その後、第二次世界大戦を経て、ニュルンベルクと東京における二つの国際軍事裁判所となって結実し、ここに国際刑事法の本格的な礎が築かれることになる。

もっとも、両裁判所の記憶は、冷戦期にはまるで過ぎ去った歴史の一断面のように処せられ、常設の国際刑事裁判所設置構想も、一九五〇年代前半に早々と棚上げとあいなった。国際刑事裁判の潮流が息を吹き返すのは、ベルリンの壁が崩落してからのことである。大規模な民族紛争・性暴力の事態を前に、国連安保理が国連憲章七章に基づき旧ユーゴスラビア・ルワンダ国際刑事法廷を設置し、待望久しき常設の国際刑事裁判所（ＩＣＣ）も二一世紀の幕開けを待っていたかのように二〇〇二年に発足する。このほか、シエラ・レオネ、東チモール、コソボ、カンボジア、ボスニア、レバノンなどにも、国際と国内の要素を混交させた混合裁判所が陸続と設置された。

国際システムにおける法の役割に懐疑的なリアリストの立場からすれば、国際刑事裁判の発展は、愚かな幻想の表出と評されるのかもしれない。外交や政治の手を縛る法を悪政とみなすリアリストの思考は、冷戦期に国際刑事裁判の法的展開を封じ込める力学として紛れもなく作用していた。だが、国際法学の主流を成すリベラリストたちが希求するのは、いうまでもなく法の支配、つまりは「法によって国家権力を飼いならすこと」（ユルゲン・ハバーマス）にほかならない。国際関係を国際法の支配に服させることこそ持続する平和に欠かせぬ条件とされ、まさしくこのゆえに、九〇年代以降の国際刑事裁判の進展は、国際法学にあって圧倒的なまでの賛辞をもって迎え入れられることになったのである。

実際のところ、国際刑事裁判が導くのは「国際法の支配に基づく新しき世界秩序」であると高らかに宣言したのは旧ユーゴスラビア国際刑事法廷の所長を務めた、欧州を代表する国際法学者アントニオ・カッセーゼであり、また、国際刑事法の指導的存在として屹立《きつりつ》するシェリフ・バシオーニも、「正義が権力政治の祭壇に生贄《いけにえ》として捧げられることはもはやなくなる」と比喩を駆使してグローバルな法の支配の勝利宣言を行った。

こうした言説は、眼前に広がる現実を静態的に描写するものである以上に、現実を構築する動態的効果を生み出すものでもある。国際刑事裁判は国際共同体を前提にしなければ機能し得ない一方で、国際共同体は国際刑事裁判にかかる言説実践の効果として構築されていくものとしてもある。そうした言説実践に国際法学は前のめりと思えるほどに力を注いできた。国際裁判を通じた国際法の支配は、主流国際法学の宿願というべきものだからである。

(2) ポリティクス

二八人が被告人となった極東国際軍事法廷（平和に対する罪などで二五人が有罪）と、二四人が被告人となったニュルンベルク国際軍事法廷（人道に対する罪などで二〇人が有罪）には、「勝者の裁き」（連合国による一方的な裁き）、あるいは「遡及処罰禁止原則からの逸脱」といった批判が向けられてきたことは周知のとおりである。とりわけ勝者の裁き（大国主導）の問題は、国際刑事裁判の航路に立ちふさがる難題となり、その克服に向けて種々の改善が重ねられていくことになる。

たとえば、旧ユーゴスラビアとルワンダについて国連安保理が創設したアドホック法廷は、いずれも戦勝国ではなく「国際社会」の名の下に生み出された。そうであればこそ、勝者による一方的な裁きという批判を回避できると考えられたからである。だが「国際社会」と銘打ったところで、実際には、安保理常任理事国という大国群の一致した政治的意思が、かつての連合国の場合となんら変わりなく法廷のあり方や活動の境界を画してきたことは紛れもない。

そこで、ICCは、安保理決議ではなく別個の条約（ICC規程）に設置根拠を置き（二〇一九年一二月現在、一二二か国が締結）、しかも職権による捜査権限をもつ独立した検察官を押し立てて裁判を実施する体制を整えた。これによって勝者の裁きを脱する構造的な改善がなされたことは歴然としているように見える。しかしここにもなお問題が潜んでいる、と著名な国際刑事法学者ウィリアム・シャバスはいう。「ICCでわれわれが目にしているのは今なお政治的決定であり、ただ単にそれが以前より見えにくくなっているにすぎない」。超越的な存在たりえぬ検察官が下すのは、大国の意向を汲《く》んだ政治的決定そのものなのだという。

ICCが初の第一審判決を下したのは設置後一〇年を経てのことだが、その活動はこれまでお世辞にも活発だったとはいえない。実際のところ、二〇〇二年の発足から二〇一九年一二月までに、裁判に付された事件数はわずか二七。三四の逮捕状が発付された一方で半数近くは出廷すら確保できずにいる。何より問題は逮捕・訴追の対象がアフリカの人々に偏してきたことにある。二〇〇八年にはスーダンの現職大統領を訴追するに及んだことから、アフリカ諸国の猛烈な意趣返しを受けることにもなった。

こうした状況を変えるべく、二〇一二年に検察官に就任したファトゥ・ベンソーダは、果敢にも、大国の意向を押し切って、パレスチナやイラク、英国、アフガニスタン、ジョージア、フィリピンなどの事態などにも捜査や予備的な検討の手を伸ばし始めた。活動対象を拡大する検察官の姿勢は、だが、米国から業務遂行を妨げるに等しい脅しにさらされているほか、ロシアがＩＣＣ規程を批准しない旨の意図を公にし、フィリピンからもＩＣＣ脱退を通告されるなど、大きな困難を引き寄せることにもなってしまった。

(3) 実効性

その一方で、ミャンマーにいた六七万人以上のロヒンギャの人々が二〇一七年八月以降、国境を越えてバングラデシュに追放された事態を前に、ＩＣＣ第一予審裁判部は二〇一八年九月、「検察官の管轄権に関する決定の請求」に応え、裁判所が管轄権を行使できる旨の決定を行うに及んだ。国連人権高等弁務官や国連人権理事会ミャンマー特別報告者が「教科書的な民族浄化例」あるいは「ジェノサイドの典型」と評する尋常ならざる事態にかかるものであったが、本件にあって問題は、当のミャンマーがICC規程を締結していないところにあった。

同規程一二条によれば、裁判所が管轄権を行使するには、「領域内において問題となる行為が発生した国」か「犯罪の被疑者の国籍国」が、規程の締約国であるかもしくは管轄権行使を別途受諾していなくてはならない。だが「問題となる行為」はミャンマーで発生し、被疑者とおぼしきものもミャンマー人であった。ICC規程は、国連安保理から事態の付託を受けた場合にも管轄権行使の道を開いている。この場合には非締約国であってもかまわないのだが、肝心の安保理の側に必要な政治的意思の形成が困難な状況が続いていた。

一縷《いちる》の希望は、バングラデシュがICC規程を締結していたところにあった。裁判開始に意欲を見せる検察官は、人道に対する犯罪について定める同規程七条(d)に着目した。そこには、当該犯罪に該当する行為の一つとして「住民の追放又は強制移送」が規定されている。検察当局は、同条項が「追放」と「強制移送」という別個の犯罪を扱っているところ、追放は国境を越える場合に成立し、本件に適用され得ると考えた。

つまり、ロヒンギャを追放する行為はミャンマーで開始されたにしても、国境を越えてバングラデシュにおいて完成したのであり、したがって「問題となる行為」(の一部)は規程の締約国たるバングラデシュの領域内でも発生した、というのである。国家管轄権にかかる客観的属地主義の考え方だが、七条(d)をこのように解釈できるのであれば、前例こそないものの、たしかに追放行為の実行者

（ミャンマー人）をＩＣＣで裁く扉が開く。ＩＣＣの判断は、検察官のこうした意欲的な法解釈を支持するものであった。

しかし、検察官や予審裁判部のいうようにミャンマーの軍人によるロヒンギャへの犯罪行為がバングラデシュで実行されているといわれても、さてと小首を傾げる向きも少なくあるまい。裁判所の決定に力を得て検察官は正式に予備的な検討に入ったが、捜査、訴追へと歩を進めたところで、ミャンマー政府の協力を得られる見込みはおよそなく、手続きの行路が塞がれていることには変わりない。いかに意欲的な法解釈も、国家の政治的支持・協力なくして実効的な成果を保証されるわけではないことは明らかである。

(4) 処罰と平和

このように、国際刑事裁判にあって法を政治から分離することは不可能にも等しい。リベラリストが誇る所期の理念は、現実政治を前に立ち往生をきたしているように見える。

もっとも、政治の影響力が強くなるのは、国際刑事裁判に託された重要な役割の一つが平和構築にあるからでもある。国際刑事裁判を国内刑事裁判の延長線上にあるものと理解するのでは不精確なゆえんがここにある。誰を処罰するかという問いは、誰を処罰しないのか、つまり、誰を免責するかという問いと表裏一体であり、重大な犯罪によって乱された平和を回復する過程に必然的に甚大な影響を及ぼさずにはいない。正義と平和あるいは国際正義と現地正義をめぐる相克というべきものであり、これは、時に恩赦の是非をめぐり深刻な問題となって立ち現れる。

恩赦について、国際法の潮流はその可能性を遮断する方向にある。ＩＣＣも「不処罰」を終わらせるために設置されたことを自らの規程に謳いあげている。しかし、皮肉なことに、こうした潮流こそが国際刑事裁判を支える政治的基盤の弱体化を推し進めることに繋《つな》がっているのかもしれない。現に、あまりに多くの正義（処罰）を求めるとかえって平和を遠ざけてしまう、とシャバスはいう。国際正義を掲げることが、必ずしも現地の平和と共振するわけではないというのである。むろん、この箴言《しんげん》は恩赦を無条件に称揚しているのではなく、複雑な現実世界にあって、責任者の処罰を平和構築に欠かせぬものとして無批判に絶対視してしまうことへの警鐘というべきものにほかならない。

恩赦の是非をめぐる難問について明快な解を出すことは容易でない。ただ国際法学の観点から論ずるにあたっては、自らがおかれた位置性について敏感にならざるを得ないところではある。平和構築の舞台となるのは、ほぼ例外なく国際社会の「周縁」たる発展途上国である。そこにあって国際刑事裁判の担うべき役割を考える際には、平和構築にかかる認識枠組みが、専ら「北」の視線で組み立てられがちであることに十分に自覚的でなくてはなるまい（アフリカに偏してきたＩＣＣの活動に対する批判の背景にも、国際刑事裁判を支える欧米偏重の認識枠組みへの疑念が与っている）。

泉下の客となった元国連事務総長コフィ・アナンは、ＩＣＣを「未来世代への希望の贈り物」と評していた。もとより、この裁判所がそうあり続けるには幅広い政治的コンセンサスに支えられることが欠かせない。だが、裁判所発足から二〇年近くが経《た》ち、急速に変容する世界秩序の下でそれはいかにして可能なのか。リベラリズムを支える欧州の政治力の衰退もあり、国際刑事裁判の先行きは、かつてない不透明さに覆われている。

7　ダイヤモンド・プリンセスの暗翳《あんえい》——人々が創る国際法

(1)　港内の外国船舶

四巻に及んだ本シリーズも、最終巻の最終章となった。この間、世界はますます混沌とし、日本の先行きに立ち込める濃霧もいっそう深まったように見受けられる。

これに輪をかけているのが新型コロナウイルス感染の広がりである。横浜港に停泊中の大型クルーズ船「ダイヤモンド・プリンセス」（以下、ＤＰ）における集団感染の事態は、国内外で連日大きなニュースとなり、人々の心奥《しんおう》に名状しがたい恐怖心を植え付ける一因となった。顔面にマスクを装着した無言の群衆が織りなす市中の風景はいかにも面妖で、人類社会の竦然《しょうぜん》たる行く末が暗示されているようにも思われる。

ＤＰの事態には、国際法の観点からもいくつかの重要な論点が映し出されていた。船舶は国旗を掲げる国（旗国）の管轄権に服するのだが、このクルーズ船の場合、旗国にあたるのは英国なので、船内の秩序は同国の法令に基づくことになる。だが公海上とは違って、ＤＰは日本の港に接岸した。「港」は基線の陸地側の内水にあり、そこには領土と同様に沿岸国の領域主権が及ぶ。このため外国船舶には（領海内で認められる）無害通航権は認められず、港への立ち入りも自由にできるわけではない。

こうして、港内にある外国船舶（軍艦などは除く）は沿岸国の管轄権に服することになる。ただ旗国の管轄権も同時に及んでおり、そのため時に両者の調整が必要となるのだが、感染症への対応に関してはこれまで明確な課題とされてこなかったため、今般、その点が浮き彫りになった感を強くする。ちなみに、ＤＰの事態をめぐり、日本政府は次のような認識を示していた（二〇二〇年二月一九日の外務報道官記者会見記録参照）。

今回のクルーズ船の対応については、日本の内水であって、日本の主権が及ぶ横浜港におきまして、防疫上の必要性から国内法に基づいて行っているものです。一般的に国際法上、船舶における感染症の拡大防止のための措置については、いずれかの国が一義的な義務を負っているわけではないのですけれども、事態の緊急性を踏まえて、関係国が協力して適切に対応すべきものだと考えているところです。その上で、外交的な観点から言えば、当該船舶の旗国である英国に対しても、適時適切に事実関係について情報提供、説明をしてきているということだと思います。

日本政府は乗客・乗員の下船をただちには認めず、防疫上の措置（船内隔離）をとった。こうした措置をとれたのは、ＤＰに日本の属地管轄権が及んでいたからにほかならない。管轄権については

「国家管轄権の魔法陣」という表題のもと本シリーズ第Ⅱ巻の6章と7章でも二度にわたって論じたが、その際に言及したように、国の管轄権が及ぶ所には人権条約を遵守する義務も及ぶ。船内隔離は人間の自由を制限するものであり、当然ながら、日本が締約国である人権諸条約とりわけ「経済的、社会的及び文化的権利に関する国際規約」（社会権規約）、「市民的及び政治的権利に関する国際規約」（自由権規約）との適合性が問われることになる。

(2) 船内隔離と人権条約

隔離措置は世界各地で多くの事例があり、二〇〇二年秋以降に広まったＳＡＲＳ（重症急性呼吸器症候群）の際などにも広く行われたことが思い起こされる。今般の船内隔離も、社会権規約一二条の定める健康を享受する権利（特に、伝染病その他の疾病の予防、治療及び抑圧、病気の場合にすべての者に医療及び看護を確保するような条件の創出）との関わりのみならず、自由権規約九条の定める恣意的拘禁の禁止、さらには同一二条の規定する移動の自由などとの適合性が検討されてしかるべきものである。

以下では、論述の便宜から移動の自由の文脈に即して記述するが、出入国管理も関わる局面だけに、ここでは差し当たり日本国民を想定して論述する（なお、今般の船内隔離は英語では quarantine に相当するものだが、感染症疾患を発症した場合の隔離（isolation）についても同様の議論が妥当する）。

移動の自由について規定する自由権規約一二条は、この自由が「公衆の健康」を理由に制限できることを明記している。防疫のために移動の自由を制限すること自体は、したがって、ただちに同規約に違背するものとはいえない。ただし、人権を制限するものである以上、そこには充足すべき条件が幾重にも課せられている。

第一に、防疫措置は法律で定められたものでなくてはならない。第二に、当該措置は非差別的でなくてはならない（人種や宗教などにより差別があってはならない）。第三に、公衆に対する差し迫った重大な感染症の危険がなければならない。

第四に、当該措置は公衆の健康の保護という目的を達成するために必要なものでなくてはならない。そのため、当該措置は、科学的および公衆健康上の精確な情報・原則に基づき、個人の自由への影響において感染症の脅威と均衡がとれており、かつ、最も制限的でないものでなくてはならない。最も制限的でないかどうかを判断する際には、より制限的でない措置が他にないこと、当該措置が（防疫に必要な）最も短い期間で終了するものであること、ジェンダーや言語、障害、年齢などを勘案のうえ生活面において人間の尊厳を尊重するものであること、などが考慮される。

今般の船内隔離について人権への配慮という言葉を耳にすることは少なくなかった。本来であれば、人権への配慮に言及するのなら右のような国際基準も念頭におかれてしかるべきであるが、実際には、人権といっても抽象的な物言い（「乗員乗客の健康に最大限配慮する」など）に終始する様が見てとれた。国際社会では、人権は抽象的なお題目にとどまらず、これをどう具現化するかについて豊富な実践が積み重ねられていることに留意する必要がある。

本シリーズ第Ⅱ巻*12*章では、災害と国際法の関わりについても考察したが、その折に見たように、被災者の処遇は慈愛ではなく具体的な国際人権基準に基づいてなされるべきとの了解が今では世界標準となっている。同じように、感染症蔓延《まんえん》を防ぐための防疫措置についても、具体的な人権基準に基づくアプローチへと国際社会の認識は変容しつつある。政府や報道機関が、こうした国際社会の規範的潮流にどれほど関心を寄せてきたのかについては、少なからぬ疑念を禁じ得ないところである。

(3) 地に落ちた国際法？

災害や感染症への対応に限らず、国際法の焦点が人間の利益の実現へと移行していることについては本シリーズでも繰り返し強調してきたが、擱筆《かくひつ》にあたり、この点を改めて確認しておくことにしたい。

一九世紀にその存在を明確にし、真にグローバル化した国際法の中心軸は、長く国家におかれてきた。個人は国家（大国）の許可を得てせいぜい局部的に法主体性を享受できるに過ぎないという言説が、国際法を研究し実践する者によって連綿と再生産され、それが国際法の国家中心性をさらに強化するという循環が作り出されてきた。端的にいえば、国際法は外交官や国際的に活躍する法曹エリートのみが扱う法であって、市民には直接の関わりがないとの理解が共有されてきたということである。

それが現実であった時代もたしかにあった。だが、今はそうした実態にはない。国際法は私たち一人一人の生活と密接に関わるものに転じている。しかも、本シリーズ第Ⅲ巻**5**章で述べたように、国際協調主義を打ち出す日本国憲法は、第九八条二項を通じて国際法を国内法化している。国際的に締結された条約（の実体規定）はそのまま日本の国内法になり、私たちの日常を直接に律するようになっている。加えて、国際法は法律より強い効力を与えられており、法律・命令・条例などは、日本を拘束する国際法規に抵触すると無効になる。このゆえに、法令は国際法に適合するように解釈適用されなくてはならない。それが、憲法秩序の論理的要請である。

だが、摩訶《まか》不思議というべきことに、こうした論理的要請に裁判官・行政官が忠実であることは、とりわけ人権にかかる訴訟・実務においては、なきに等しい。日本では、国際法の存在自体がひどくないがしろにされてきているのが実態である。現に、二〇一一年の一月に行われた退職記念シンポジウムで、故・横田洋三先生はこう慨嘆していた。

戦後六五年を経た今日、日本の内政や外交、そして法曹界における国際法の存在感は、ほとんど地に落ちたと言っても過言ではありません。…今日の日本の法実務、とりわけ国内実定法の議論のなかで、国際法という領域に対しては、ほとんど関心が払われていないというのが現状だろうと考えられます。中でも心配なのは、今後法科大学院で学び、新司法試験に合格して日本の法曹界を担うことになる人たちが、ほとんど国際法に触れることなく法実務に携わるようになることです(『中央ロー・ジャーナル』八巻一号)。

パネリストのお一人であった柏木昇先生も、この発言に応えて、「いま日本社会の中、それから法学教育の中で国際法のプレゼンスは非常に低くなっている」と言葉を継いでいる。司法試験において、選択科目の一つである国際関係法(公法)を選ぶ受験生が二%にも達しない状態が引き続いてきたことに、その貧寒たる実相が象徴的に照らし出されているように思う。

国際法は人々にとって身近なものに感じられてしかるべきなのに、旧態依然のイメージをもってこの法を遠ざける者が、法曹・法律専門家たちには少なくないのだろう。これでは、人権をはじめとする国際法の発展から享受できる利益を私たちは失うばかりである。

(4) 人々が創る国際法

世界を見やるなら、国際法はますます市民・民衆との距離を縮めている。国家(政府)ではなく人々のための国際法を希求する声が、条約の起草過程など法の定立の局面のみならず、解釈・適用の次元にも及んできている。なかでも、政治的、地政学的な理由により重大な侵害行為が国家・国際機構によって放置される事態を前に、市民が公権力から独立して立ち上げる「民衆法廷（people's tribunal）」は、国家中心思考に覆われた標準的な国際法の教科書にこそ登場しないものの、今日の国際社会にあってその重みをいや増していることは疑いない。その背景には、国際法は国家（政府）ではなく市民のものであるという思想の広がりがある。

その先駆けとなったのはベトナム戦争時における米国の国際法違反（侵略、無差別攻撃、捕虜虐待など）を裁いたラッセル法廷（一九六七年）である。バートランド・ラッセルやジャン＝ポール・サルトルらが率いたこの法廷を、フランスの当時の大統領ド・ゴールは「いかなる類の正義も国家から生じるものだ」と論難したが、これを受けてサルトルが、法廷は「完全に無力で普遍的であるというところに、正統性の根拠をもつ」と反論したことは知る人ぞ知るところである。

ラッセル法廷の営みを引き継ぎ、制度的な礎をもって様々なテーマの審理を手がけているのが一九七九年に設置された「常設民衆法廷」である。世界各地の民族紛争や自決権、植民地支配などに関わる諸問題を中心に、人権侵害の認定、原因の検討、責任者の非難に力が注がれている。

このほか、「ハワイ民衆法廷」（一九九三年）、「人権と環境に関する国際民衆法廷」（一九九七年、ニューヨーク）、米国主導のイラク戦争の違法性を激しく難じた「世界イラク法廷」（二〇〇五年、イスタンブール）・「クアラルンプール戦争犯罪法廷」（二〇一一―一三年）、さらに多国籍企業の責任を追及した「国際モンサント法廷」(二〇一六年、ハーグ)など、その都度設置される民衆法廷の実例は枚挙にいとまがない。

注目すべきことに、民衆法廷は日本においても断続的に開かれている。法曹専門家が距離を置く国際法に未来を託す市民・人々は日本にもけっして少なくない。「イラク国際戦犯民衆法廷」(二〇〇五年、東京)や「原爆投下を裁く国際民衆法廷・広島」(二〇〇七年)などが想起されるが、際立って強いインパクトを残したのは二〇世紀最後の年の極月に四日間にわたり東京で開催された「日本軍性奴隷制を裁く女性国際戦犯法廷」に相違ない。

「本法廷の権威は、国家や政府間組織によって生じるものではなく、アジア太平洋地域の人々、もっと正確に言うなら、日本が国際法のもとで説明する義務を負っている世界中の人々に由来するものである。」クリスチーン・チンキンら世界的に著名な国際法学者など四名により構成された判事団は、女性国際戦犯法廷の存在基盤をこのように高らかに謳いあげ、昭和天皇ら一〇名の被告人の刑事責任と日本の国家責任を、詳細な事実認定を踏まえつつ、実定国際法に依拠して認定した。

民衆法廷には様々な批判が向けられてきた。制度的には、判決を執行する力の欠如が指摘されることが多い。たしかにそのとおりなのだが、昨今、司法機能は多面化しており、強制力がなくとも、法を確認し、被害を承認し、国際的連帯と秩序変革を推進する点において、民衆法廷の現実的意義は必ずしも小さなものではない。

民衆法廷は、多元的な価値・多様な人間存在の並存を支える国際法の本来的理念にこよなくなずむ。人権が公然と踏みにじられ、重大な不正義が積み重ねられるほどに、民衆法廷は、世界各地でますます実践され、精錬されていくことになるのだろう。

世界が激しく軋《きし》む一方で、このように、人々のために、そして、人々とともにある国際法を創り出そうとする力もまた確然と育まれている。国際法の未来は、そこにこそあるのだと私は考えている。

著者紹介

阿部　浩己（あべ　こうき）
1958年伊豆大島生まれ。明治学院大学国際学部教授。神奈川大学名誉教授。
専攻は国際法・国際人権法。博士（法学）（早稲田大学）。国際人権法学会理事長・日本平和学会会長・川崎市人権施策推進協議会会長などを歴任。現在、アジア国際法学会理事・法務省難民審査参与員。主な著書に、『国際法を物語るⅠ』（朝陽会、2018年）、『国際法を物語るⅡ』（朝陽会、2019年）、『国際法を物語るⅢ』（朝陽会、2020年）、『国際法の人権化』（信山社、2014年）、『国際人権を生きる』（信山社、2014年）、『国際法の暴力を超えて』（岩波書店、2010年）、『無国籍の情景』（国連難民高等弁務官駐日事務所、2010年）、『沖縄から問う日本の安全保障』（共編著、岩波書店、2015年）、『テキストブック国際人権法』（共著、日本評論社、2009年）など。

グリームブックス（Gleam Books）

著者から機知や希望の“gleam《ひらめき》”を受け取り、読者が深い思考につなげ、新しい“gleam《かがやき》”を発見する。そんな循環がこのシリーズから生まれるよう願って名付けました。

国際法を物語るⅣ
—難民の保護と平和の構想—

2021年１月15日　発行　　　価格は表紙カバーに表示してあります。

著　者　　阿部　浩己

発　行　　株式会社　朝 陽 会　〒340-0003　埼玉県草加市稲荷2-2-7
電話（出版）　048（951）2879
http : www.choyokai.co.jp/

編集協力　有限会社　雅 粒 社　〒181-0002　東京都三鷹市牟礼1-6-5-105
電話　0422（24）9694

ISBN978-4-903059-65-5
C0032　¥1000E